衡中生涯发展指导手册

王建勇　王丽娜◎主编

衡中校本课程

人民日报出版社
北　京

本书编委会

主编： 王建勇　王丽娜

编委： 王　鹏　杨　晨　安茂森　王江妹　苏　乐　潘宿奎　樊春博　曹依萍　黄子爱　宋俊莹　耿丽丽

前 言

生涯是一个源于西方的学术概念。生涯教育是一种全人教育，即以促进学生认知素质、情意素质全面发展和自我实现为教学目标的教育。随着新高考的来临，生涯教育在中学阶段的重要性逐渐凸显出来。高中生正处于从生涯的成长期到探索期的阶段，这将是一段丰富多彩的旅程。

说到生涯，很多同学的第一反应就是“生涯规划”或者是“职业生涯规划”。其实，职业规划只是生涯规划内容非常重要的一环，并不是生涯的全部。除了职业规划外，我们还会面临其他的一些生涯问题，特别是高中阶段，将面临学业规划、自我探索、决策问题、平衡问题、发展问题、升学路径等生涯探索问题。

生涯规划可以让未来的你更优秀。

生涯规划是一种让生活更加幸福、让个体更加认识自我、让工作和学习更有成就感的思维和技能，因此，生涯规划可以更好地帮助我们了解自身的兴趣、能力、价值观等，可以更好地进行自我管理，知晓自己的优缺点，使自己能够不断发挥天赋、优势。

生涯规划可以让现在的你更努力。

当我们对自己的人生进行了规划，我们就有了前进的方向。生涯规划可以让我们找到自己的目标，并开始为实现目标而努力。伟大的物理学家爱因斯坦曾经说过，在一个崇高的目标支持下，不停地工作，即使慢，也一定会获得成功。有了目标的指引，我们就能明确现在所做的一切都是在为实现自己的理想而奋斗，我们的努力是有意义的。

再者，生涯教育的重点不是“规划”，而是“发展”，是要通过这门课程，提醒我们如何去面对过去的自己、如何了解现在的自己、如何思考自己的未来、如何链接外部世界、如何推动现在的生涯发展和探索的行为。

本书一共分为六个模块，以体验式学习方式为特色。其中，前五个模块的课程每单元都包括生涯预热、生涯探索、生涯拓展和生涯研习四部分。通过创设情境和活动开展，向同学们提供大量的生涯故事和生涯探索的实践体验活动；在活动参与和小组交流分享过程中，不断深入地进行自我探索，掌握系统的生涯规划技能，帮助自己解决当前所面临的生涯困惑。第六模块为同学们提供了可以记录自己高中三年生涯足迹的空间，可详细记录每次生涯实践的点点滴滴，甚至可以将实践过程中的影像、图片资料保存下来。

生涯指导并不是为同学们的人生设定不可更改的程序，而是让每个同学都成为自己生涯发展的塑造者，引领同学们通过对“我想做什么”“我能做什么”“我该做什么 ”三个问题循环往复地不断追问，进一步明确人生的方向，夯实追逐人生梦想的行动。

希望同学们能够认真研习本书，将学到的思想、技能运用到自己的学习生活中去，在不断的实践中完善自己、发展自己，最终成为最好的自己。

目 录

第一模块　生涯觉醒

第二模块　自我探索

第三模块　环境链接

第四模块　生涯决策

第五模块　生涯发展

第六模块　生涯足迹

第一模块

生涯觉醒

第1课 你好高中

一、生涯预热

带着憧憬和希望，同学们走进了色彩斑斓的高中时代。对于未来的高中生活你有什么美好的期待呢？别样的校园、新鲜的面孔、崭新的课程、多样的社团……站在高中生活的新起点，或许你已经探出了好奇的触角。

高中是人生发展的重要阶段，也是人生发展的关键点，从初中升入高中，生活和学习也随之发生了变化。对于崭新的高中生活，你将面临哪些挑战？你是否意识到高中和初中存在的差异？面对这些差异，你需要做哪些努力和调整来很好地适应这些变化，为高中生活及未来生涯打下坚实的基础？

二、生涯探索

探索活动一：初中生涯盾牌

初中生活难忘而美好，请同学们回顾一下自己的初中生活，并完成下面的生涯盾牌，看一看初中时候的你是什么样子的。

思维导图

1.完成“我的初中生活”生涯盾牌的填写后，请同学们讨论分享自己的初中生活，谈谈你有什么新发现。

____

____

____

2.回望你走过的初中生活，你对现在的高中生活有哪些期待和憧憬呢？

____

____

____

探索活动二：高中生涯画板

面对精彩纷呈的高中生活，同学们有没有新的发现和设想呢？请准备一张白纸，拿好手中的画笔，利用思维导图的形式，用文字和图形描绘自己的高中生活。

第一步：将中心主题“我的高中生活”的生涯画板填在图的中央处，然后用不同颜色的分支表达自己对高中生活的思考和构想，如学业成绩、身体健康、人际交往、个性发展、能力培养等。绘制时可以随时补充分支，注意图文并茂、创意表达。

第二步：用红色笔在图中标注出2～3个自己看重的部分，并将具体的规划信息填充在图中相应分支上。

第三步：绘图完成后，每4～6人为一个小组，分享交流“我的高中生活”的生涯画板思维导图。听取他人的建议后，请及时补充并完善图中信息。

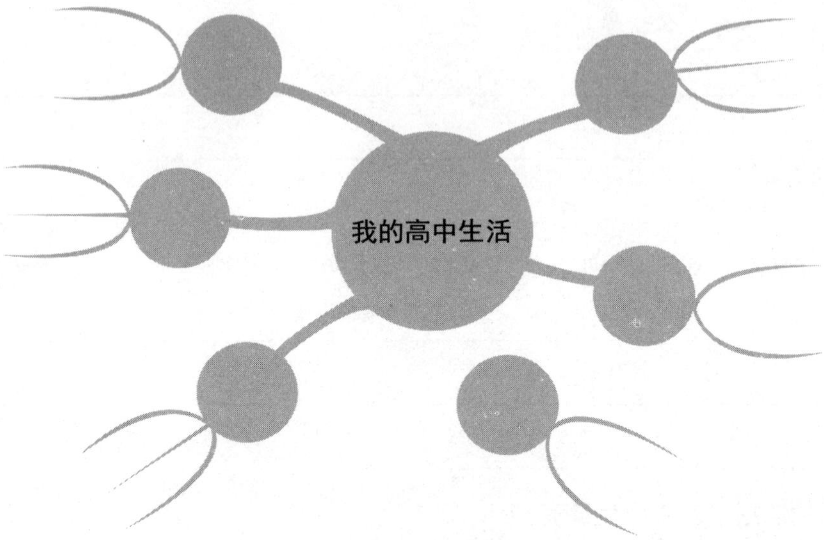

思维导图

三、生涯拓展

（一）学生发展核心素养

学生发展核心素养主要指学生应具备的能够适应终身发展和社会发展需要的必备品格和关键能力。

学生发展核心素养以培养“全面发展的人”为核心，分为文化基础、自主发展、社会参与三方面，综合表现为人文底蕴、科学精神、学会学习、健康生活、责任担当、实践创新六大素养，具体细化为国家认同等18个基本要点。各素养之间相互联系、相互补充、相互促进，在不同情境中整体发挥作用。

为方便实践应用，下面将六大素养进一步细化为18个基本要点，并对其主要表现进行描述。根据这一总体框架，可针对学生年龄特点进一步提出各学段学生的具体表现要求。

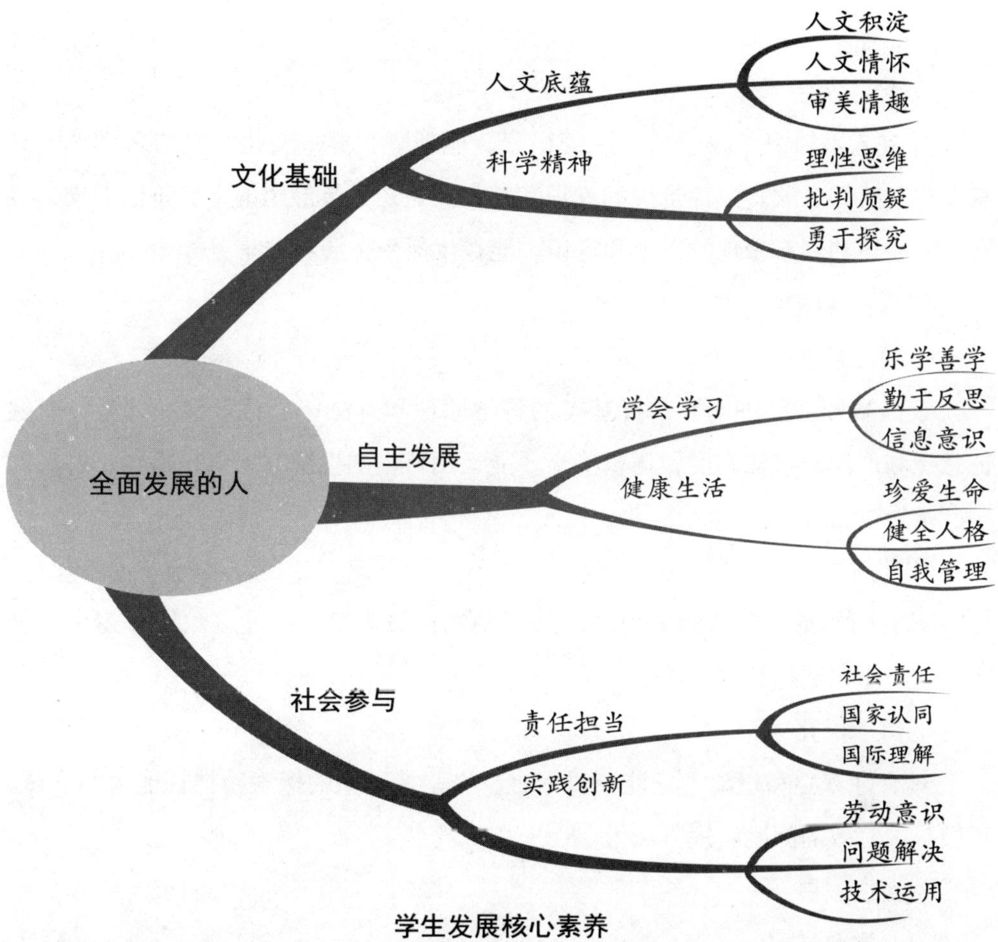

学生发展核心素养

（二）学生发展核心素养的主要表现

1. 文化基础

（1）人文底蕴

①人文积淀

具有古今中外人文领域基本知识和成果的积累，能理解和掌握人文思想中所蕴含的认识方法和实践方法等。

②人文情怀

具有以人为本的意识，尊重、维护人的尊严和价值，能关切人的生存、发展和幸福等。

③审美情趣

具有艺术知识、技能与方法的积累，能理解和尊重文化艺术的多样性；具有发现、感知、欣赏、评价美的意识和基本能力；具有健康的审美价值取向；具有艺术表达和创意表现的兴趣和意识，能在生活中拓展和升华美等。

（2）科学精神

①理性思维

崇尚真知，能理解和掌握基本的科学原理和方法；尊重事实和证据，有实证意识和严谨的求知态度；逻辑清晰，能运用科学的思维方式认识事物、解决问题、指导行为等。

②批判质疑

具有问题意识，能独立思考、独立判断；思维缜密，能多角度、辩证地分析问题，做出选择和决定等。

③勇于探究

具有好奇心和想象力；能不畏困难，有坚持不懈的探索精神；能大胆尝试，积极寻求有效的问题解决方法等。

2. 自主发展

（1）学会学习

①乐学善学

能正确认识和理解学习的价值，具有积极的学习态度和浓厚的学习兴趣；能养成良好的学习习惯，掌握适合自身的学习方法；能自主学习，具有终身学习的意识和能力等。

②勤于反思

具有对自己的学习状态进行审视的意识和习惯，善于总结经验；能够根据不同情境和自身实际，选择或调整学习策略和方法等。

③信息意识

能自觉、有效地获取、评估、鉴别、使用信息；具有数字化生存能力，主动适应“互联网+”等社会信息化发展趋势；具有网络伦理道德与信息安全意识等。

（2）健康生活

①珍爱生命

理解生命意义和人生价值；具有安全意识与自我保护能力；掌握适合自身的运动方法和技能，养成健康文明的行为习惯和生活方式等。

②健全人格

具有积极的心理品质，自信自爱，坚忍乐观；有自制力，能调节和管理自己的情绪；具有抗挫折能力等。

③自我管理

能正确认识与评估自我，依据自身个性和潜质选择适合的发展方向；合理分配和使用时间与精力，具有达成目标的持续行动力等。

3. 社会参与

（1）责任担当

①社会责任

自尊自律、文明礼貌、诚信友善、宽和待人；孝亲敬长，有感恩之心；热心公益和志愿服务，敬业奉献，具有团队意识和互助精神；能主动作为，履职尽责，对自我和他人负责；能明辨是非，具有规则与法治意识，积极履行公民义务，理性行使公民权利；崇尚自由平等，能维护社会公平正义；热爱并尊重自然，具有绿色生活方式和可持续发展理念及行动等。

②国家认同

具有国家意识，了解国情历史，认同国民身份，能自觉捍卫国家主权、尊严和利益；具有文化自信，尊重中华民族的优秀文明成果，能传播、弘扬中华优秀传统文化和社会主义先进文化；了解中国共产党的历史和光荣传统，具有热爱党、拥护党的意识和行动；理解、接受并自觉践行社会主义核心价值观，具有中国特色社会主义共同理想，有为实现中华民族伟大复兴中国梦而不懈奋斗的信念和行动。

③国际理解

具有全球意识和开放的心态，了解人类文明进程和世界发展动态；能尊重世界文化的多样性和差异性，积极参与跨文化交流；关注人类面临的全球性挑战，理解人类命运共同体的内涵与价值等。

（2）实践创新

①劳动意识

尊重劳动，具有积极的劳动态度和良好的劳动习惯，具有动手操作能力；掌握一定的劳动技能，在主动参加的家务劳动、生产劳动、公益活动和社会实践中，具有改进和创新劳动方式、提高劳动效率的意识；具有通过诚实合法劳动创造成功生活的意识和行动等。

②问题解决

善于发现和提出问题，有解决问题的兴趣和热情；能依据特定情境和具体条件，选择并制订合理的解决方案；具有在复杂环境中行动的能力等。

③技术运用

理解技术与人类文明的有机联系，具有学习掌握技术的兴趣和意愿；具有工程思维，能将创意和方案转化为有形物品或对已有物品进行改进与优化等。

四、生涯研习

（一）生涯访谈

高中生活丰富多彩，想必你已经迫不及待想在高中这个大舞台上大展拳脚了。真实的高中生活具体是什么样子的呢，与高中的师哥师姐交流一下，相信一定对你更有启发。请访谈1～2位高中学长，并完成下表。

生涯访谈表

<table>
<tr><td>姓名</td><td></td><td>学校</td><td></td><td>年级</td><td></td><td>性别</td><td></td></tr>
<tr><td>认识途径</td><td colspan="7">□在校园里偶然相识
□参加学校活动认识
□相识故交
□同学推荐
□老师推荐
□家长推荐
□其他（请注明）</td></tr>
<tr><td>高中学习</td><td colspan="7">对高中学习的思考和建议：</td></tr>
<tr><td>社团活动</td><td colspan="7">参加的社团活动或选修课：

对参加社团活动的思考和建议：</td></tr>
</table>

续表

<table>
<tr><td>姓名</td><td></td><td>学校</td><td></td><td>年级</td><td></td><td>性别</td><td></td></tr>
<tr><td>社会实践</td><td colspan="7">参加的社会实践：

对参加社会实践的思考和建议：</td></tr>
<tr><td>升学规划</td><td colspan="7">感兴趣的大学和专业：

对如何获取此类信息的建议：</td></tr>
<tr><td>其他方面的建议</td><td colspan="7"></td></tr>
</table>

（二）生涯思考

1.总结对于此次访谈的反思。

____

____

____

2.你在此次访谈中有哪些收获？

____

____

____

第2课　认识生涯

一、生涯预热

生涯是什么？

生涯可以被规划吗？

有了规划就一定能如期实现吗？

很多人没有规划，不是也生活得很好吗？

如果人生都被规划好了，还有什么意思？

我们的青春有无限种可能，怎么可以被规划束缚住呢？

……

以上这些，可能是很多同学初次听到“生涯”或“生涯规划”这类词语时发出的疑问。

如果你也有这样的疑问或困惑，那请你思考以下这些问题：

以前上初中时，你有没有特别想考的高中？

现在上了高中，你有没有想过3年后想考的大学？

你计划在高中参加哪些选修课或社团活动？

你期待考试成绩处在年级的什么水平？

你希望担任班级或学校里的哪些学生职务？

你计划在高中阶段重点培养自己哪方面的能力或特长？

面临高中选科你倾向于哪些组合和学科？

你希望高中毕业后做些什么？

你梦想毕业后从事哪种职业？

你希望此生过什么样的生活？

你希望为社会做出什么样的贡献？

……

其实，我们每个人都可以成为自己生涯发展的塑造者和践行者。当你回答这些问题时，就已经开始在为自己的高中生涯发展做准备，已经在主动规划高中生活了。

二、生涯探索

探索活动一：我的角色饼图

1.将班级的同学分成6个组，每个组代表的年龄分别为8岁、14岁、18岁、30岁、50岁、80岁。

2.每组选定一位同学做时间长老，为组内成员发言计时；选定一位同学做组长，在成员争论不休时给予仲裁。

3.组内每个人确定自己的角色—子女、配偶、学习者、休闲者、公民、工作者，每个组在此基础上增加或减少人数。

4.组内展开循环式沟通。

（1）每个人代表自己的角色发言，争取自己的角色在本组年龄段所占比例的百分数。

（2）共同讨论出本组年龄段的主要角色。

（3）组长组织成员画出本组的角色比例饼状图，并写一句人生感言。

（4）由时间长老征集大家意见后，写一句想对前一阶段和后一阶段年龄组说的话。

5.各组按照年龄顺序分享。

（1）每组选派一位同学展示本组的角色比例饼状图，说明本组的讨论情况。

（2）每组的主要角色发表感言，主要说一说自己所代表的这个角色为什么会成为这个年龄段的主要角色，以及作为主要角色会在这个年龄段完成哪些事情。

探索活动二：生涯幻游

教师播放舒缓的音乐，同时让同学们以最舒服的姿势坐好、全身放松，并跟随指导语进行一次生涯幻游。

同学们，小时候的你想过长大后要做什么吗？现在的你梦想改变了吗？20年后，你将过怎样的生活？现在，请你选择一个自己认为最舒服、最放松的姿势坐好，我们一起开始一段生涯幻游，看看20年后的自己。

让我们一起乘坐时空穿梭机，来到20年后的世界。请你算一算，此时的你多少岁了？你的容貌发生了什么变化？请你尽量设想20年后的情形。

清晨，和往常一样，你慢慢睁开眼睛。此时是几点？你在哪里？你听到了什么，又看到了什么？

现在，你准备起床上班了。一番梳洗之后，你来到衣柜前换衣服。今天你要穿什么样的衣服外出？换好衣服，你来到了餐厅。早餐吃的是什么？和你一起用餐的有谁？你跟他们说了什么话？

接下来，你走出家门，准备前往工作的地点。走到屋外，你回头看了看自己的家。它是一栋什么样的房子？你将选择什么样的交通工具出行？

你即将到达工作的地方，这个地方看起来是什么样子？进入工作的地方，你跟同事打了招呼。他们怎么称呼你？你还注意到哪些人出现在这里？他们正在做什么？

你开始了一天的工作。今天的工作内容是什么？你跟哪些人一起工作？

你的午餐时间到了。你将在哪里用餐，跟谁一起？用餐时你的心情如何？

傍晚，你结束了一天的工作。下班后，你是直接回家还是和朋友在一起聚一聚？你通常有哪些休闲娱乐活动？

你到家了。家里有哪些人？回家后你都做些什么？

你的晚餐时间到了。你在哪里用餐？跟谁一起用餐？晚餐后，你做些什么？

你到就寝的时间了。回想一下今天的工作与生活，你过得愉快吗？

渐渐地，你进入了梦乡。睡吧，1分钟后我会叫醒你。

现在，时空穿梭机又渐渐把我们载回了现在，我们重新回到了现在的教室，和老师同学在一起。请你慢慢地醒过来，静静地坐在教室里，思考并分享下面的问题。

1.生涯幻游活动中，你有什么感受？

____

____

____

2.生涯幻游的过程中，你印象最深的画面是什么？

3.现在的我想对20年后的自己说：

20年后的我会对现在的自己说：

三、生涯拓展

生涯是指个人通过从事的工作所创造出的一种有目的且延续的生活模式。一个人的生涯发展并非仅仅是生命时间的推移，而是在不断探索发现、建构自我的过程中所过的有意义的人生。

根据美国著名生涯专家舒伯的研究，人生主要的发展阶段和年龄的大致估算可划分为5个阶段：成长期（0～14岁）、探索期（15～24岁）、建立期（25～44岁）、维持期（45～64岁）、衰退期（65岁以后）。从成长期、探索期、建立期、维持期到衰退期是个体生命全程连续发展的过程，具体年龄估算因人而异。个体在每个生涯发展阶段面临不同的生涯发展任务，个体对该阶段的生涯发展任务的准备程度即生涯成熟度。

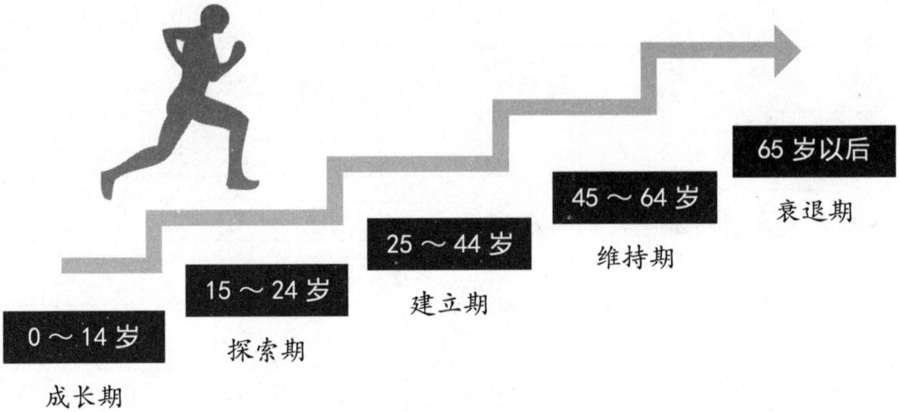

人生主要发展阶段和年龄

一个人只有在一个阶段很好地完成了那个阶段的任务，才能顺利地进入下一个阶段。也就是说，在哪个年龄就要做哪个年龄该做的事，不必着急往前赶，也不应该推迟和延后。下面用一张表来概括舒伯理论中每个阶段的任务。

人生主要发展阶段的任务

年龄	0～14岁	15～24岁	25～44岁	45～64岁	65岁以后
阶段	成长期	探索期	建立期	维持期	衰退期
任务	确认自我概念及工作态度	探索角色与探索职业	确立职业并建立关系	维持职业地位及应对挑战	退出职业并发展非职业角色

高中生的年龄段属于探索期，这个阶段的大部分时间会在学校度过，主要任务就是通过学习、考试、课外活动、社会实践等对自己的兴趣、能力、价值观念、职业偏好等进行探索，尽可能多地参加不同的活动，一方面体验自己所扮演的各种角色，另一方面对职业有进一步的认知。

生涯整合了人一生中的职业和生活角色，是生活中各种事件的发展方向和历程。生涯规划就是对自己未来的生活进行有目的、有计划、有系统的准备与安排，体验不同的人生角色，追求属于自己的人生理想。

舒伯将人一生的生涯历程比喻成一道绚丽的彩虹，不同的颜色象征人在一生中扮演的不同角色。彩虹图的横向层面代表横跨一生的生活广度，外层显示人生主要的发展阶段和大致年龄。彩虹图的纵向层面代表纵贯上下的生活空间，是由一组职位和角色所组成的。舒伯认为人一生中要扮演的角色有子女、学生、休闲者、公民、工作者和持家者。如同自然界有寒来暑往、春夏秋冬，一个人的生涯历程也要经历、承担不同的生涯角色。每一个人的生涯过程都是连续的，过去、现在和未来相互关联着；人生每一个阶段的生涯角色都是丰富的，职业、家庭和社会角色交互影响着。由此，构成了每个人独一无二的生涯彩虹图。

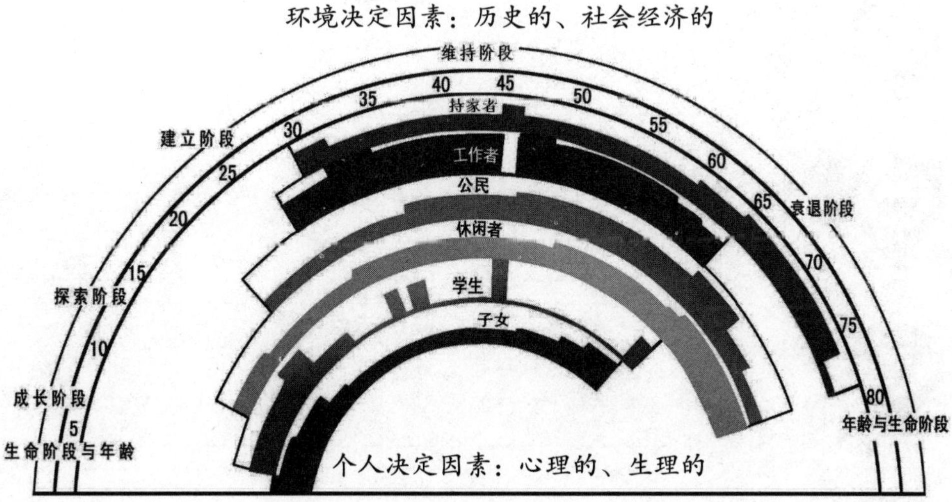

个人生涯彩虹图

每个人可以有不同的生活愿景，选择不同的生活道路，重要的是为自己设立生涯发展的目标，让自己对未来充满希望。如此，你的所有行为将会凝聚在这个希望的周围，你的每一天都将活得更有意义。

四、生涯研习

（一）生涯站点

生涯发展可以看作一辆行驶的汽车，而这辆汽车沿途会停靠不同的站点，这些不同的站点就代表着人生的不同阶段。请在下面的生涯站点上，写出你在不同阶段经历的1～2件非常重要的与生涯发展有关的事件。其中，对于高中、大学和工作阶段的站点，你可以写一下最期待发生的生涯事件。

生涯站点与生涯事件

幼儿园站点

小学站点

初中站点

高中站点

大学站点

工作站点

（二）生涯思考

1.这些生涯事件为什么对你来说非常重要？

2.你最期待发生的生涯事件需要做哪些准备才会将它们变成现实？

第3课 我的人生梦想

一、生涯预热

梦想是一个人的主观愿望，梦想让人的生活有奔头，梦想最大的价值是对人生的指引和照亮。我们从小就开始谈自己的理想，但为什么到了高中，我们反而更加迷茫了呢?

学生A：我经常被问及理想是什么、将来要从事什么职业、过怎么样的生活，但一直到现在我仍然无法回答这些问题。我好像从小就只知道认真读书、考上大学、找一个好工作，至于工作性质的什么，我试着去思考、去寻找，却一无所获。转眼已到高中，我对自我的了解和职业选择仍一无所知。未来并不遥远，可我仍看不清它的方向。

学生B：小学时，我想过自己要当个科学家；中学时，我想过自己要当个飞行员；高中时，我迷茫了。我发现科学家和飞行员都离我很遥远，我不知道当下的理想是什么，如何去确立理想，确立了理想之后怎么样才能让自己距离理想更近一点。

有些人终其一生也无法解答我是谁、是什么样的人、有什么特长与优势、适合从事什么职业、将来想过怎样的生活、有哪些人生梦想、未来想要成为什么样的人、要成就梦想需要进行哪些努力等问题。

在有限的生命里，如何让生命更加精彩、更有意义成为每个人需要思考的问题。人生之路要自己走，只有自己才能赋予生命最佳的诠释，让我们成为自己的主人，掌握自己的命运，主宰自己的时间，创造自己的快乐，追求自己的幸福。

有规划，有梦想，才能遇见更好的自己。

二、生涯探索

探索活动一：梦想摩天轮

每个人都有自己的梦想，有些我们希望与人分享，有些我们默默藏在心底，有些还在酝酿当中。它们可以很宏大，也可以很具体；它们可以很严肃，也可以很活泼。你有过哪些梦想，请梳理你脑中的想法，并尝试着将它们分类填写在梦想摩天轮的相应部分。

建议在同一类梦想中，若有多个小梦想，则按照渴望实现的程度从高到低、从里到外依次填写，也就是最渴望实现的梦想离摩天轮的中心点最近。

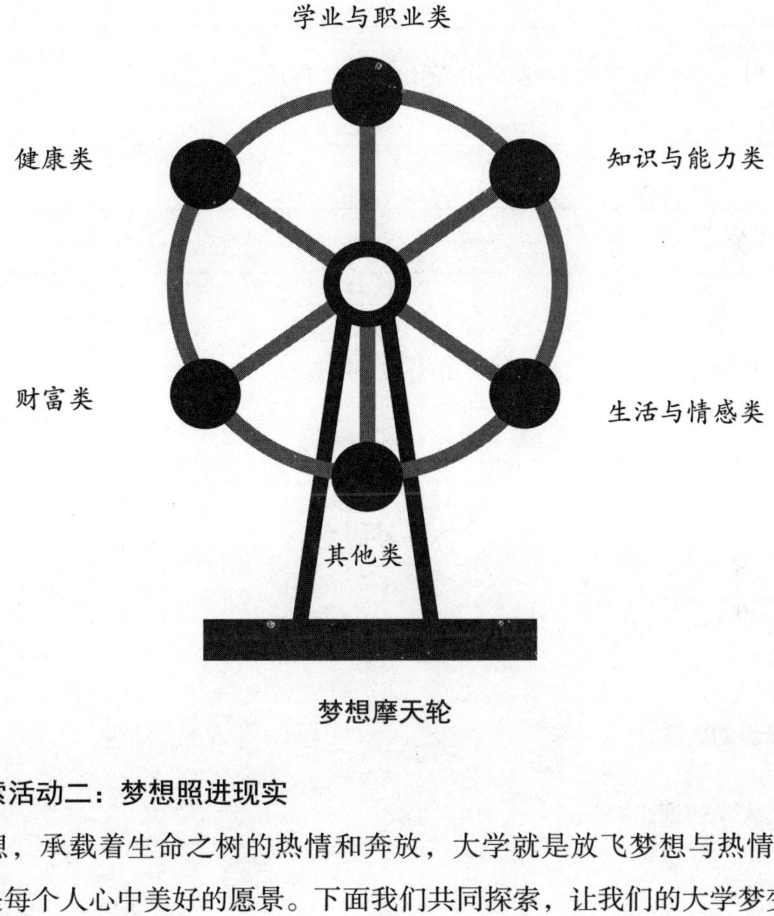

梦想摩天轮

探索活动二：梦想照进现实

梦想，承载着生命之树的热情和奔放，大学就是放飞梦想与热情的地方，大学梦是每个人心中美好的愿景。下面我们共同探索，让我们的大学梦变得更加清晰、更加真实。

第一环节：梦想接力

思考1分钟确定自己梦想的大学，并列出3所向往的大学。1分钟后老师随机点名，被点到的同学起立说出自己梦想的大学，并点名另一位同学。接力时间3

分钟，速度越快，梦想传递得越多。

1.当你说出梦想的大学时，有什么样的感受？

2.听到同学们的不同梦想，你有什么样的想法？

第二环节：梦想卡片

1.每人领取一张卡，认真填写并分享。

大学梦想卡

姓名：

我梦想的大学：

我上大学的理由：

我需要为此付出的努力：

无论你梦想的大学是重点还是非重点，是宏大的还是微小的，只要情感是真实的、强烈的，它都能给你带来强劲的学习动力、帮助你完成大学梦。

三、生涯拓展

英国一个叫布罗迪的退休教师在整理家中阁楼的旧物时发现了一摞发黄的旧练习册，它们是他教过的幼儿园某班31位孩子的作文。他根本没有想到，这些作文竟然躲过战火的浩劫，在布满尘埃的阁楼上躺了50年。作文的题目是《未来我是——》，31个孩子有31个梦想：有想当总统的，有想当内阁大臣的，有想当王妃的，有想当教师的……

布罗迪突然萌发了一个想法：把这些本子重新发到同学们的手中，让他们看看现在的“我”是否实现了50年前的梦想。他在报刊上刊登了启示。不久，一封封回信带着问候，也带着对自己童年梦想的好奇，纷纷来到布罗迪的手中，他们中有功成名就的学者、企业家、官员，更多的是平平凡凡的普通人。

1年过去了，布罗迪手中只剩下盲童戴维的作文本。他写在作文本上的梦想是想当一名内阁大臣。他认为，在英国的历史上还没有盲人进入内阁的先例，他要创造历史。正当布罗迪猜测着各种可能的时候，他收到了来自英国内阁大臣的来信，信中的内容让他大吃一惊也分外感动：“那个叫戴维的就是我，感谢你还为我保存着儿时的梦想。不过我已经不需要那个本子了，因为从那时起，我的梦想就一直在我的脑子里，我没有一天放弃过。50年过去了，可以说我已经实现了那个梦想。今天，我想通过这封信告诉我其他30位同学，只要不让年轻时的美丽梦想随风飘散，成功总会有一天出现在你的面前。

这个故事告诉我们梦想的力量有多强大——谁能把梦想保持50年，并持之以恒地为梦想付诸努力，梦想就一定能实现。不忘初心，方得始终！

四、生涯研习

（一）生涯榜样

每个人在实现梦想的道路上都会有一些人陪在身边，当你遇到困难时他们激励你前行，当你无助彷徨时他们给你信念和力量，这些人就是你的生涯榜样。

首先，请你写下心中的3个榜样人物，这些榜样可以是古代的，可以是现代的；可以是真实生活中存在的，也可以是文学、影视作品中塑造的人物形象。然后，用关键词的方式写出你的榜样人物让你崇拜的地方。同时，请重点梳理一下榜样人物的青年时期。比如，他在青年时期做了哪些事情，他正在经历的事件对日后的发展有何影响，面对生活中的考验他是如何解决的，诸如此类。

我心中的榜样

榜样人物	你崇拜他的地方	榜样人物的青年时期

（二）生涯思考

1.找一找3个榜样人物你崇拜的地方是否存在共性？如果有，是哪些？

2.对标榜样人物的青年时代，你从他们的经历中得到哪些启示？如果要实现自己的梦想，正处在高中阶段的你有何规划和设想？

第二模块

自我探索

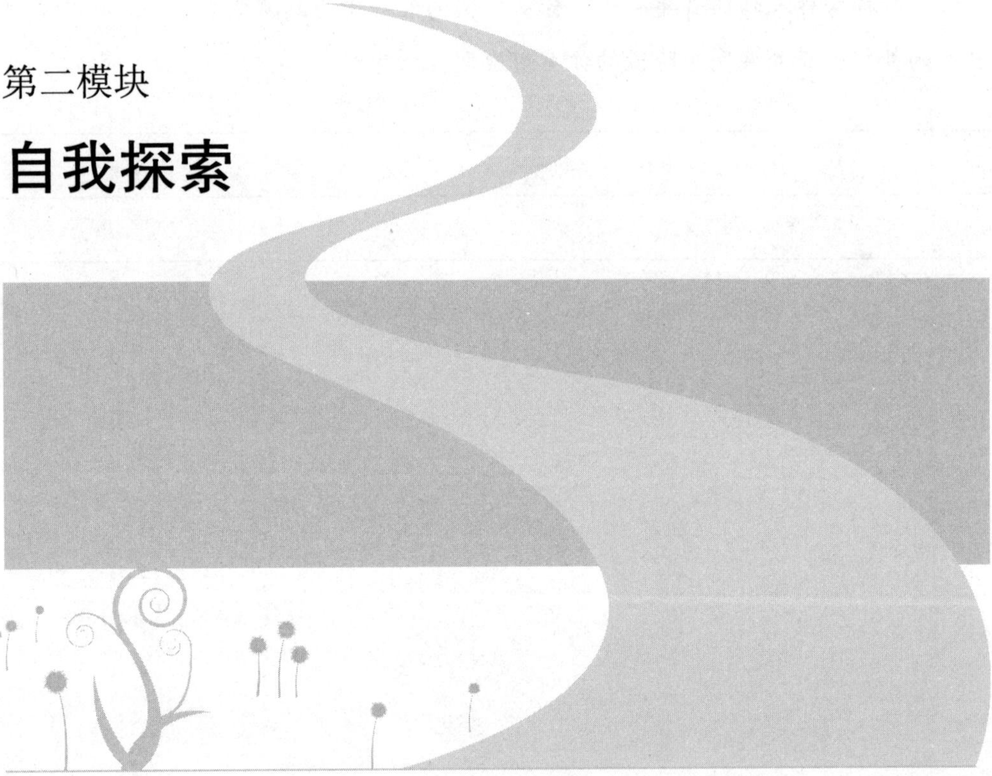

第4课 环游兴趣岛

一、生涯预热

2020年高考出分了，喜报频传。湖南一个小村的留守女孩钟芳蓉考出了676分的好成绩，获得了湖南省文科第4名。50多位老师连夜进村报喜，钟芳蓉成为全村人的骄傲。但是，有着如此好成绩的她，在最终报考专业的时候，毅然决然地报考了北大考古专业。有许多网友替她担忧，认为考古学是一个冷门且没有"钱"途的专业，担心她毕业以后工作不好找。针对网友的热议，钟芳蓉回应说，自己从小就喜欢历史文物，并且深受樊锦诗先生的影响，所以才报考了考古专业，并决定以后深造下去。

是什么样的力量推动钟芳蓉同学选择北大考古这么"冷门"的专业？

兴趣是最好的老师，正是对历史、对考古的执著，使得钟芳蓉屏蔽了人们的非议，坚守了自己的初心，坚持了自己的选择。

兴趣能给人一种无形的动力，每个人都会对自己感兴趣的事物给予优先关注、进行积极探索，并表现出心驰神往。人生有大半的时间都是在工作上，那如何把自己的兴趣和生涯发展结合起来，使学习和工作充满乐趣呢？让我们一起走进兴趣探索的旅程！

二、生涯探索

兴趣是个人力求接近、探索某种事物和从事某种活动的态度和倾向，是个性倾向的一种表现形式。兴趣包含以下几个特点：

①不计回报；

②最大限度地使用技能；

③不断战胜智力与体力的挑战；

④享受这个活动本身的快乐；

⑤不担心自己表现如何。

同学们，你的兴趣又是什么呢，我们一起通过环游兴趣岛探索一下吧。

假设在一次旅途中，你乘坐的轮船发生了意外故障必须紧急靠岸。此时，轮船正处于以下6座岛屿中间，你希望选择哪一座岛屿靠岸？一旦你做出了选择，就至少需要在这座岛屿生活4年。以下是你可以选择的6座岛屿的介绍。

R岛屿：这是能工巧匠的乐园。岛上主要的生活内容是制造和维修各种东西（从桌椅板凳，到火箭飞船，再到网页网站，无所不包），也经常开展户外运动（如徒步野营或丛林探险）。这座岛屿喜欢具体明确的任务，很多事情都动手完成。岛上居民理性十足，而且个性独立，没有任务要求的时候不怎么在一起，对他人细微的情绪变化不太敏感。

I岛屿：岛上主要的生活内容是思考、研究各种抽象问题（如物理、化学、生物、天文等自然科学问题），也常进行各类需要较强逻辑推理和数理科学能力的活动（如数独、桥牌等）。这座岛屿极力追求真理，强调思维的力量。岛上居民非常理性，个性独立，不太喜欢进行纯社交的活动，不太关注他人的情绪感受，而是喜欢静静思考。

A岛屿：这是艺术浪漫的岛屿。岛上主要的生活内容是各种文艺活动，常常举办各种文艺展出（如跳舞、绘画、写作、雕塑等）。这座岛屿非常欣赏创意和审美，鼓励内心情绪的表达，不太喜欢按部就班、循规蹈矩地生活。岛上居民非常感性，不喜欢受约束，情感表达比较冲动和丰富。

S岛屿：这是温馨友善的岛屿。岛上主要的生活内容是如何理解他人、与人交往和帮助他人，常常以各种形式（如心理咨询、志愿者活动等）开展各种活动，帮助在学业、金钱、就业以及人际交往等方面有困扰的人。这座岛屿鼓励亲密互助的行为，关注他人的需要和感受。岛上居民性格温和友善，不喜欢过于以自我为中心的人。

E岛屿：这是纵横捭阖的学院。岛上主要的生活内容是如何领导、说服和管理他人。每个人都通过领导一个团队开展工作，常常在校园里进行一些经营活动或宣传活动。这座岛屿非常认可竞争和挑战，强调领导能力。岛上居民喜欢成就感和影响力，希望通过自己的能力获得成就和认可，擅长通过把握他人的心理需求来说服别人。

C岛屿：这是秩序井然的岛屿。岛上主要的生活内容是制定和实施岛上的规章制度，为所有人建立完备的档案，审核各种活动的经费收支，确保日常事务的正常运作。这座岛屿非常欣赏严谨负责的态度，而且十分注重原则，强调不能为了人情破坏规则。岛上居民个性保守，沉着冷静，做事有条不紊。

1.看完上面的介绍，你打算选哪座岛屿呢？请与选择同一座岛屿的同学坐在一起。

____

____

____

2.想象一下你在这座岛屿的生活，并与选择相同岛屿的同学探讨你们将会在这座岛屿上做哪些事情。

____

____

____

3.请做出相同选择的同学就未来1年的岛屿生活进行规划并进行分享。

____

____

____

三、生涯拓展

每座岛屿都有其显著的特点，并没有优劣、好坏之分，都是出于内心的兴趣倾向。每座岛屿的代码都来自霍兰德职业兴趣测试。霍兰德职业兴趣自测是由美国职业指导专家霍兰德根据他本人大量的职业咨询经验及其职业类型理论编制的测评工具。

霍兰德认为，个人职业兴趣特性与职业之间应有一种内在的对应关系。根据兴趣的不同，人格可分为现实型（R）、研究型（I）、艺术型（A）、社会型（S）、企业型（E）、传统型（C）6个维度。见下图。

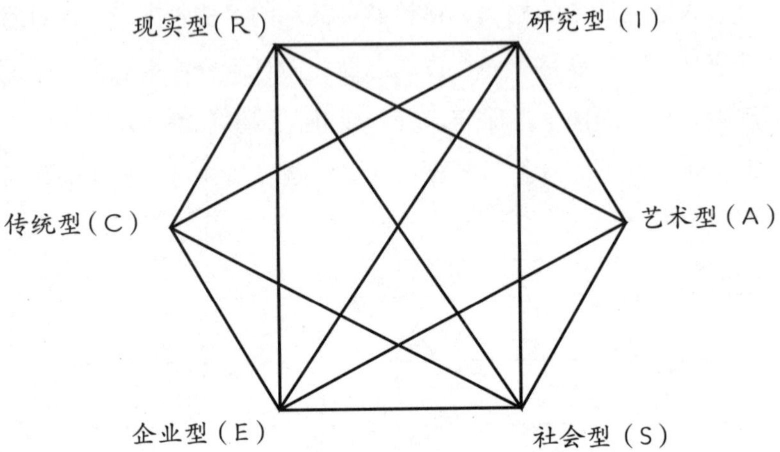

人格六维度

霍兰德还认为，每个人的性格都是这6个维度的不同程度的组合，每一种类型都有与之相匹配的职业。

性格与职业的关系

类型	特征	典型职业
现实型(R)	愿意使用工具从事操作性工作，动手能力强,做事手脚灵活、动作协调;偏好于具体任务，不善言辞，做事保守，较为谦虚；缺乏社交能力，通常喜欢独立做事	工科专业（通信工程、测绘、机械设计制造与维修、土木建筑工程技术等）
研究型(I)	思想家而非实干家，抽象思维能力强，求知欲强，肯动脑，善思考，不愿动手，喜欢独立和富有创造性的工作；知识渊博，有学识才能，不善于领导他人；考虑问题理性，做事精确，喜欢逻辑分析和推理，不断探讨未知的领域	科研人员（数学家、物理学家、化学家等），工程师，电脑编程人员，医生，系统分析员

续表

类型	特征	典型职业
艺术型（A）	有创造力，乐于创造新颖、与众不同的成果，渴望表现自己的个性，实现自身的价值；做事理想化，追求完美，不重实际；具有一定的艺术才能和个性；善于表达，怀旧，心态较为复杂	艺术方面（演员、导演、艺术设计师、雕刻家、建筑师、摄影家、广告制作人），音乐方面（歌唱家、作曲家、乐队指挥），文学方面（作家、诗人、剧作家）
社会型（S）	喜欢与人交往，不断结交新的朋友；善言谈，愿意教导别人；关心社会问题，渴望发挥自己的社会作用；寻求广泛的人际关系，比较看重社会义务和社会道德	教育工作者（教师、教育行政人员），社会工作者（咨询人员、公关人员）
企业型（E）	追求权力、权威和物质财富，具有领导才能；喜欢竞争，敢冒风险，有野心、抱负；为人务实，习惯以利益得失、权力、地位、金钱等来衡量做事的价值，做事有较强的目的性	项目经理、销售人员、营销管理人员、政府官员、企业领导、法官、律师
传统型（C）	尊重权威和规章制度，喜欢按计划办事，细心、有条理，习惯接受他人的指挥和领导，自己不谋求领导职务；喜欢关注实际和细节情况，通常较为谨慎和保守，缺乏创造性，不喜欢冒险和竞争，富有自我牺牲精神	秘书、办公室人员、记事员、会计、行政助理、图书馆管理员、出纳员、打字员、投资分析员

通过系统的霍兰德职业兴趣测试，我们可以得到组合在一起的霍兰德职业代码，每一种代码有与之相匹配的职业，供大家参考。

代码	职位对照
RIA	牙科技术员、陶工、建筑设计员、模型工、细木工、制作链条人员
RIS	厨师、林务员、跳水员、潜水员、染色员、电器修理工、眼镜制作工、电工、纺织机器装配工、服务员、装玻璃工人、发电厂工人、焊接工
RIE	建筑和桥梁工程、环境工程、航空工程、公路工程、电力工程、信号工程、电话工程、一般机械工程、自动工程、矿业工程、海洋工程、交通工程技术人员，制图员，家政经济人员，计量员，农民，农场工人，农业机械操作工，清洁工，无线电修理工，汽车修理工，手表修理工，管工，线路装配工，工具仓库管理员
RIC	船上工作人员、接待员、杂志保管员、牙医助手、制帽工、磨坊工、石匠、机器制造工、机车（火车头）制造工、农业机器装配工、汽车装配工、缝纫机装配工、钟表装配和检验工、电动器具装配工、鞋匠、锁匠、货物检验员、电梯机修工、托儿所所长、钢琴调音员、装配工、印刷工、建筑钢铁工、卡车司机
RAI	手工雕刻工、玻璃雕刻工、模型制作人员、家具木工、皮革制作人员、手工绣花工、手工钩针纺织工、排字工、印刷工、图画雕刻工、装订工
RSE	消防员、交通巡警、警察、门卫、理发师、房间清洁工、屠夫、锻工、开凿工人、管道安装工、出租车驾驶员、货物搬运工、送报员、勘探员、娱乐场所服务员、起卸机操作工、灭害虫者、电梯操作工、厨房助手
RSI	纺织工、编织工、农业学校教师、某些职业课程教师（诸如艺术、商业、技术、工艺课程）、雨衣上胶工
REC	抄水表员、保姆、实验室动物饲养员、动物管理员
REI	轮船船长、航海领航员、大副、试管实验员
RES	旅馆服务员、家畜饲养员、渔民、渔网修补工、水手长、收割机操作工、搬运行李工、公园服务员、救生员、登山导游、火车工程技术员、建筑工、铺轨工
RCI	测量员、勘测员、勘测员助手、仪表操作者、农业工程技术员、化学工程技师、民用工程技师、石油工程技师、资料室管理员、探矿工、煅烧工、烧窑工、矿工、保养工、磨床工、取样工、样品检验员、纺纱工、炮手、漂洗工、电焊工、锯木工、刨床工、制帽工、手工缝纫工、油漆工、染色工、按摩工、木匠、农民建筑工、电影放映员

续表1

代码	职位对照
RCS	公交车司机、一等水手、游泳池服务员、裁缝、建筑工、石匠、烟囱修建工、混凝土工、电话修理工、爆炸手、邮递员、矿工、裱糊工人、纺纱工
RCE	打井工、吊车驾驶员、农场工人、邮件分类员、铲车司机、拖拉机司机
IAS	普通经济学家、农场经济学家、财政经济学家、国际贸易经济学家、实验心理学家、工程心理学家、心理学家、哲学家、内科医生、数学家
IAR	人类学家、天文学家、化学家、物理学家、医学病理学家、动物标本剥制者、化石修复者、艺术品管理者
ISE	营养学家、饮食顾问、火灾检查员、邮政服务检查员
ISC	侦察员、电视播音室修理员、电视修理服务员、验尸室人员、编目录者、医学实验室技师、调查研究者
ISR	水生生物学者、昆虫学者、微生物学家、配镜师、矫正视力者、细菌学家、牙科医生、骨科医生
ISA	实验心理学家、普通心理学家、发展心理学家、教育心理学家、社会心理学家、临床心理学家、目标学家、皮肤病学家、精神病学家、妇产科医师、眼科医生、五官科医生、医学实验室技术专家、民航医务人员、护士
IES	细菌学家、生理学家、化学专家、地质专家、地理物理学专家、纺织技术专家、医院药剂师、工业药剂师、药房营业员
IEC	档案保管员、保险统计员
ICR	质量检验技术员、地质学技师、工程师、法官、图书馆技术辅导员、计算机操作员、医院听诊员、家禽检查员
IRA	地理学家、地质学家、声学物理学家、矿物学家、古生物学家、石油学家、地震学家、声学物理学家、原子和分子物理学家、电学和磁学物理学家、气象学家、设计审核员、人口统计学家、数学统计学家、外科医生、城市规划家、气象员
IRS	流体物理学家、物理海洋学家、等离子体物理学家、农业科学家、动物学家、食品科学家、园艺学家、植物学家、细菌学家、解剖学家、动物病理学家、作物病理学家、药物学家、生物化学家、生物物理学家、细胞生物学家、临床化学家、遗传学家、分子生物学家、质量控制工程师、地理学家、兽医、放射性治疗技师

续表2

代码	职位对照
IRE	化验员、化学工程师、纺织工程师、食品技师、渔业技术专家、材料和测试工程师、电气工程师、土木工程师、航空工程师、行政官员、冶金专家、原子核工程师、陶瓷工程师、地质工程师、电力工程师、口腔科医生、牙科医生
IRC	飞机领航员、飞行员、物理实验室技师、文献检查员、农业技术专家、动植物技术专家、生物技师、油管检查员、工商业规划者、矿藏安全检查员、纺织品检验员、照相机修理者、工程技术员、编程计算程序者、工具设计者、仪器维修工
CRI	簿记员、会计、记时员、铸造机操作工、打字员、按键操作工、复印机操作工
CRS	仓库保管员、档案管理员、缝纫工、讲述员、收款人
CRE	标价员、实验室工作者、广告管理员、自动打字机操作员、电动机装配工、缝纫机操作工
CIS	记账员、顾客服务员、报纸发行员、土地测量员、保险公司职员、会计师、估价员、邮政检查员、外贸检查员
CIE	打字员、统计员、支票记录员、订货员、校对员、办公室工作人员
CIR	校对员、工程职员、海底电报员、检修计划员、发版员
CSE	接待员、通信员、电话接线员、卖票员、旅馆服务员、私人职员、商学教师、旅游办事员
CSR	运货代理商、铁路职员、交通检查员、办公室通信员、簿记员、出纳、银行财务职员
CSA	秘书、图书管理员、办公室办事员
CER	邮递员、数据处理员、办公室办事员
CEI	推销员、经济分析家
CES	银行会计、记账员、法人秘书、速记员、法院报告人
ECI	银行行长、审计员、信用管理员、地产管理员、商业管理员
ECS	信用办事员、保险人员、各类进货员、海关服务经理、售货员、购买员、会计
ERI	建筑物管理员、工业工程师、农场管理员、护士长、农业经营管理人员

续表3

代码	职位对照
ERS	仓库管理员、房屋管理员、货栈监督管理员
ERC	邮政局长、渔船船长、机械操作领班、木工领班、瓦工领班、驾驶员领班
EIR	科学、技术和有关出版物的管理员
EIC	专利代理人、鉴定人、运输服务检查员、安全检查员、废品收购人员
EIS	警官、侦察员、交通检验员、安全咨询员、合同管理者、商人
EAS	法官、律师、公证人
EAR	展览室管理员、舞台管理员、播音员、驯兽员
ESC	理发师、裁判员、政府行政管理员、财政管理员、工程管理员、职业病防治员、售货员、商业经理、办公室主任、人事负责人、调度员
ESR	家具售货员、书店售货员、公共汽车驾驶员、日用品售货员、护士长、自然科学和工程的行政领导
ESI	博物馆管理员、图书馆管理员、古迹管理员、饮食业经理、地区安全服务管理员、技术服务咨询者、超级市场管理员、零售商品店店员、批发商、出租汽车服务站调度
ESA	博物馆馆长、报纸管理员、音乐器材售货员、广告商、导游、（轮船或班机上的）事务长、飞机上的服务人员、船员、法官、律师
ASE	戏剧导演、舞蹈教师、广告撰稿人、报纸专栏作者、记者、演员、英语翻译
ASI	音乐教师、乐器教师、美术教师、管弦乐指挥、合唱队指挥、歌星、演奏家、哲学家、作家、广告经理、时装模特
AER	新闻摄影师、电视摄影师、艺术指导、录音指导、丑角演员、木偶戏演员、魔术师、骑士、跳水员
AEI	音乐指挥、舞台指导、电影导演
AES	流行歌手、舞蹈演员、电影导演、广播节目主持人、舞蹈教师、口技表演者、喜剧演员、模特
AIS	画家、剧作家、编辑、评论家、时装艺术大师、新闻摄影师、男演员、文学作者
AIE	花匠、皮衣设计师、工业产品设计师、剪影艺术家、复制雕刻品大师
AIR	建筑师、画家、摄影师、绘图员、环境美化工、雕刻家、包装设计师、陶器设计师、绣花工、漫画工

续表4

代码	职位对照
SEC	社会活动家、退伍军人服务官员、工商会事务代表、教育咨询者、宿舍管理员、旅馆经理、饮食服务管理员
SER	体育教练、游泳指导
SEI	大学校长、学院院长、医院行政管理员、历史学家、家政经济学家、职业学校教师、资料员
SEA	娱乐活动管理员、国外服务办事员、社会服务助理、一般咨询者、宗教教育工作者
SCE	部长助理、福利机构职员、生产协调人、环境卫生管理人员、戏院经理、餐馆经理、售票员
SRI	外科医师助手、医院服务员
SRE	体育教师、职业病治疗者、体育教练、专业运动员、房管员、儿童家庭教师、警察、引座员、传达员、保姆
SRC	护理员、护理助理、医院勤杂工、理发师、学校儿童服务人员
SIA	社会学家，心理咨询者，学校心理学家，政治科学家，大学或学院的系主任、教育学教师，大学农业、工程和建筑、法律教师、数学、医学、物理、社会科学和生命科学课程教师以及研究生助教，成人教育教师
SIE	营养学家、饮食学家、海关检查员、安全检查员、税务稽查员、校长
SIC	描图员、兽医助手、诊所助理、体检检查员、监督缓刑犯的工作者、娱乐指导者、咨询人员、社会科学教师
SIR	理疗员、救护队工作人员、手足病医生、职业病治疗助手

四、生涯研习

随着时代的发展，物质文化生活更加丰富多彩，我们的兴趣也变得多种多样。请同学们认真梳理自己感兴趣的内容，将它们进行分类，填入下表。

我的兴趣探索表

领域	兴趣
生活方面	
学习方面	
休闲方面	
其他	
与霍兰德代码相符的兴趣	

将表中符合自己的霍兰德职业代码特点的兴趣整理出来，并思考以下问题。

1.这些兴趣之中，有哪些兴趣对你的学习生活有积极的促进作用？

____

____

____

2.在接下来的学习生活中，你打算重点培养哪些符合自己职业代码特点的兴趣？

____

____

3.你计划如何培养这些兴趣，从哪些方面着手？

第5课 把兴趣养大

一、生涯预热

“金龟子”刘纯燕是中央电视台少儿频道的主持人，主持《大风车》《聪明屋》等栏目，为包括《猫和老鼠》《机器猫》在内的1000多部译制片配音。她以自己特有的表演特质成功地将一个普通孩子的喜、怒、哀、乐融进了这个卡通形象中，赢得了许多小朋友的喜爱，多次获得“金话筒”奖。她主持的栏目也曾获中国名栏目金奖。

高中的刘纯燕性格很外向，爱说爱笑，而且嗓门还特别大，她给自己将来的定位是播音员领域，她觉得自己最大的优势是声音好而且吃得了苦。为了自己的目标，她在文科上下了大量的功夫，阅读了大量的书籍来丰富知识底蕴。她认为将来从事这个领域需要具备人际沟通、表演、演唱等能力，因此在高中阶段积极参加学校的表演剧社和音乐社团等，高考以专业课第2名的成绩被北京广播学院播音系（现中国传媒大学）录取，毕业的时候由于成绩优异被中央电视台聘任。刘纯燕说，有的人说我很幸运，有的人说我很优秀，其实我比较了解自己，我并不漂亮，身材也不高，我只是选准了适合我的发展方向，对未来做到了未雨绸缪。

看完“金龟子”刘纯燕的成长之路，同学们有何感受？

二、生涯探索

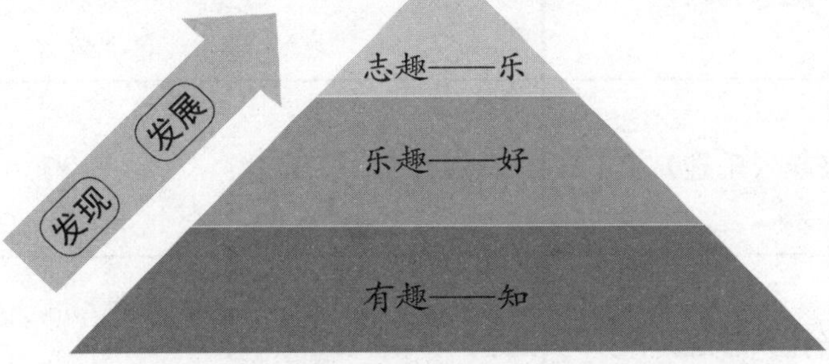

兴趣的三层次

一个人一旦对某件事情有了浓厚的兴趣，就会主动去求知、去探索、去实践，并在求知、探索和实践过程中将兴趣与自身发展结合起来。一般而言，我们将兴趣分为三类，分别是感官兴趣（有趣）、自觉兴趣（乐趣）、职业兴趣（志趣）。这三种类型的兴趣各有其特点，是层层递进的。

感官兴趣	自觉兴趣	职业兴趣
感官兴趣是通过直观的感官刺激产生的兴趣。比如，逛街时听到身边人的手机铃声是你很喜欢的歌曲，吃到的美食是你很喜欢的食物等，这些基于感官刺激的兴趣虽然当时很爽，但是并不会留下什么印象	在这一阶段中你的兴趣变得专一、深入起来，在情绪的参与下，兴趣从感官推向了思维，产生了更加持久的兴趣—自觉兴趣。比如，你喜欢全聚德烤鸭，然后对怎么做烤鸭开始感兴趣，这就是自觉兴趣。随着思维的加入，可以让你的兴趣更加持久并指向一个领域	职业兴趣不仅仅是兴趣，而是把自觉兴趣通过学习变成能力，通过能力寻找平台获得价值，在众多价值中找到自己最有力量的一种生涯管理技术。它与社会责任感、理想奋斗目标紧密结合，具有社会性、自觉性和方向性，是取得成就的根本动力，是成功的重要保证

请同学们将自己的兴趣进行分类，认真填写在下面表格中。

领域	内容
感官兴趣（有趣）	
自觉兴趣（乐趣）	
职业兴趣（志趣）	

三、生涯拓展

26岁的浙江大学化学硕士张韫喆为学医重新高考，最终拿到了山东中医药大学中医养生专业的本科录取通知书。虽然当初家人坚决反对，但他的坚持让他成功圆梦。

当年张韫喆因分差太大，与山大临床医学专业失之交臂，最后填报了南京工业大学的化学专业。他认为尽管不喜欢化学专业，但既然是自己的选择，就应该把它学好。他一直想学医，却阴错阳差学了其他专业，当时想当然地认为药物化学专业就是学习用药知识，以后可以当一名医生给病人开药，事实并非如此。张韫喆在实验室里情绪低落，没有学习动力。学医唯一的途径是重新高考，然而此时距研究生毕业还有两年，如果退学，过去的一切努力都将付诸东流。他计划先拿到研究生文凭，再另做打算。有了目标之后，张韫喆每天动力十足。

2018年春天，张韫喆从浙江大学毕业后，正式提出了重新高考的想法。在父母看来，张韫喆的想法简直是“离经叛道”，是“人生的倒退”，但张韫喆按照自己的计划从容安排。凭借着扎实的学业基础和名牌大学的名片，张韫喆很轻松地在上海的一家上市医药公司谋得了一份不错的工作。

2018年年底，张韫喆辞职，离开上海，回到老家淄博张店备战高考。

张韫喆说，他从小就对医学有浓厚的兴趣，小时候体弱多病，常常进出医院，十分羡慕身穿白大褂的医生。每次买回药，他最大的乐趣就是研究药品说明书。当年阴错阳差读了化学专业后，他并没有放弃医学科目的学习，而是自学了一些基础科目，如生理、病理、生化。“我从小出入最多的医院就是淄博市中医医院，接触最多的是中医大夫。”大四保研之后，他还专门拿出很长时间去中医医院实习。“跟着主治医师接触了一些病号，发现中医有妙手回春之效。”谈及未来规划，张韫喆说，现在只想把中医学好，至于未来，不想把自己限定得太死。“眼下就是把工作做好，把学习学好。”他相信，扎实的化学与药学基础和广阔的知识面，会给中医学习带来很大帮助。

每个人都渴望在自己热爱的领域内努力成长，专注于自己的兴趣，把自己的所有精力贡献于热爱的事业，但是实际生活往往事与愿违。很多时候我们面对的自己并不感兴趣的任务或者工作，就像故事的主人公张韫喆那样，虽然暂时忍受了任务和挑战，在这个过程中运用自己的能力也取得了令人羡慕的成果，但是随着时间的推移，会产生越来越多的厌倦和抵触情绪。因此，我们需要关注兴趣和能力相匹配的问题，只有匹配，才能真正体验到为了自己热爱的事业而拼搏的幸福感，才能更好地发展兴趣，取得更高的成就。

兴趣和能力相匹配一般分为四种情况：第一种，高能力，低兴趣；第二种，高兴趣，低能力；第三种，高能力，高兴趣；第四种，低能力，低兴趣。

如果你想在某一方面取得成就，兴趣和能力缺一不可，我们只有在自己热衷的领域内充分发挥自己的聪明才智、艰苦奋斗，才能实现我们的人生理想，收获奋斗和成功的喜悦。请同学们认真审视一下自己，看看自己能力和兴趣的匹配属于哪一种类型，及时调整，向着理想的目标大步前行。

四、生涯研习

真正的兴趣是无论能力高低，也无论外界评价如何，依然乐此不疲去做的事情。真正的兴趣是带有建设性的，不是把你的人生往下拉，必须是往上顶。作为祖国大家庭的一员，青少年的成长成才和祖国息息相关，少年强则国强，因此兴趣选择要和国家发展、中国梦结合起来。作为青年一代，你们是祖国未来的希望，肩负着振兴中华、实现中国梦的伟大历史使命，只有和祖国同呼吸、共命运，才能有更加广阔的发展空间和机会。

兴趣就像一粒种子，当你种下它，用心浇灌，总能长成你期望的样子！请同学们完成以下“种子成长计划”内容。

1.你的兴趣有哪些是国家当前发展所需要的？（写出2～3个）

____

____

____

2.你的兴趣打算将来结出哪些果实？你打算分几个步骤实现？

3.兴趣种子成长过程中可能会遇到的困难和解决办法是什么？（详细写下步骤、过程并和同学交流）

以梦为马，不负韶华，我们的兴趣还只是一粒小小的种子，希望同学们在今后的日子里给予种子阳光雨露，用心培育。期待不久的将来，我们心中的兴趣种子都能长成参天大树，成为栋梁！

第6课 能力大盘点

一、生涯预热

人的智能结构是多元的，每个人都有不同的智能结构。如果我们盲目选择，将来从事不擅长的职业，那么不仅很难在该领域做出成绩和贡献，甚至连自身的特长也会被埋没。因此，我们要明确自己的智能结构，发现自己的优势能力，并将它发挥到最佳水平。

当时与杨利伟竞争“神舟五号”飞船上天的有14人，若讲身体素质和航天技术大家都相差无几，但为什么最终入选的是杨利伟而不是别人，这里面有一个秘密。

据航天员培训中心的领导介绍，杨利伟的语言艺术占了优势，因为他们要选拔的宇航员不仅要完成航天任务而且完成任务后要面对国内外的媒体和公众。作为“中国的航天第一人”必将成为全国乃至全世界关注的焦点，面对公众即席讲话的机会很多，他的语言表达在一定程度上代表着国家的形象。事后的实践证明，杨利伟不仅是一位优秀的航天员，还是一位出色的演讲家。

请同学们思考杨利伟取得成功的原因是什么。

二、生涯探索

探索活动：奇幻之旅——神秘城市

想象自己远离了当前生活的世界，去寻找最能放松心灵的新世界。现在，你坐上了一台时空机器，正准备去拜访宇宙中的8座神秘城市。你可以选择待在你喜欢的城市，并在那里快乐地生活。你最喜欢的是哪一座城市?

城市	城市特色
A 城市	这是一座充满“创意文字”的城市，感性的居民喜欢为各自的家园命名，街道两旁的商场都有特别的文字招牌。文字游戏和文字创作是他们的休闲活动，随处可见的图书馆收藏了各式各样的作品，作家们最喜欢到这里来寻求创作灵感

续表

城市	城市特色
B城市	这里是一个充满惊奇的世界，街道上的路牌与道路指示都由一连串的谜团组成，只要解开谜题，你就会被引领到一些令人惊奇的地方。居住在这里的人喜欢解决问题，所以有许多侦探事务所和律师事务所
C城市	这里的居民热情而活泼，他们经常举办热闹的嘉年华，尽情展现肢体的动感与美丽，许多动人的民间故事都通过肢体语言的诠释而得到保存。这里到处都是舞台与剧场，经常举办竞技、舞蹈、喜剧等比赛。对舞者、演员、运动员来说，这里是他们的天堂
D城市	悠扬的乐声是这里的特色，但凡红绿灯提醒声、汽车喇叭声、轮船的鸣笛声等都以美妙的音符呈现。浪漫的市民们定期举办音乐大赛，音乐爱好者都可以参加选拔赛。每天都有演奏大师、声乐家在市民广场前为市民演奏
E城市	这里的居民喜欢结交朋友，对待客人特别热情。这里有风情各异的餐馆、休闲娱乐中心，吸引了大量的游客。在这里可以学习与人相处的良方，结交更多的朋友，充实心灵
F城市	神机妙算的算命师和透视人心的水晶球是这里的特色。生命失去活力、生活缺乏动力的人喜欢到这里来回顾自己的生命历程，重新找回自己的精神能量
G城市	宽敞、舒适的科学博物馆、植物园、动物园、海洋公园是这里的特色。市民对动物、植物、景观特别有兴趣，喜欢漫步在神奇的大自然里，所以城市的设计完全依循自然，没有让现代文明破坏原来的景致
H城市	这是一座充满视觉感、流行感的城市，著名的造型师、建筑师和室内设计师在这里打造了一座充满创意的城市。这座城不但色彩鲜明和谐，空间设计也很有型。市民喜欢参与室内设计赛、人体造型赛、发型设计赛等。这儿的景色总会让你眼前为之一亮

1.你最喜欢的城市是____________________________，因为____。

2.和做出相同选择的同学共同探讨，用事例来证明你符合这座城市的特点。

三、生涯拓展

8座城市对应着8种不同的能力：

A城市——言语能力；

B城市——逻辑能力；

C城市——身体能力；

D城市——音乐能力；

E城市——交往能力；

F城市——自知能力；

G城市——自然能力；

H城市——视觉能力。

传统的智力理论认为人类的认知是一元的、个体的智能是单一的、可量化的，而美国教育家、心理学家霍华德·加德纳在1983年出版的《智力的结构》一书中提出，智力是在某种社会或文化环境的价值标准下，个体用以解决自己遇到的真正的难题或生产及创造出有效产品所需要的能力。每个人都至少具备语言智力、数理逻辑智力、音乐智力、空间智力、身体智力、人际交往智力和自我认知智力。后来，加德纳又添加了自然主义智力和存在主义智力，这一理论被称为多元智力理论。

加德纳的多元智力理论又叫"多元智能理论"，其基本性质是多元的（不是一种能力而是一组能力），其基本结构也是多元的（各种能力不是以整合的形式存在而是以相对独立的形式存在）。而现代社会是需要各种人才的时代，这就要求教育必须促进每个人各种智力的全面发展，让个性得到充分的发展和完善。

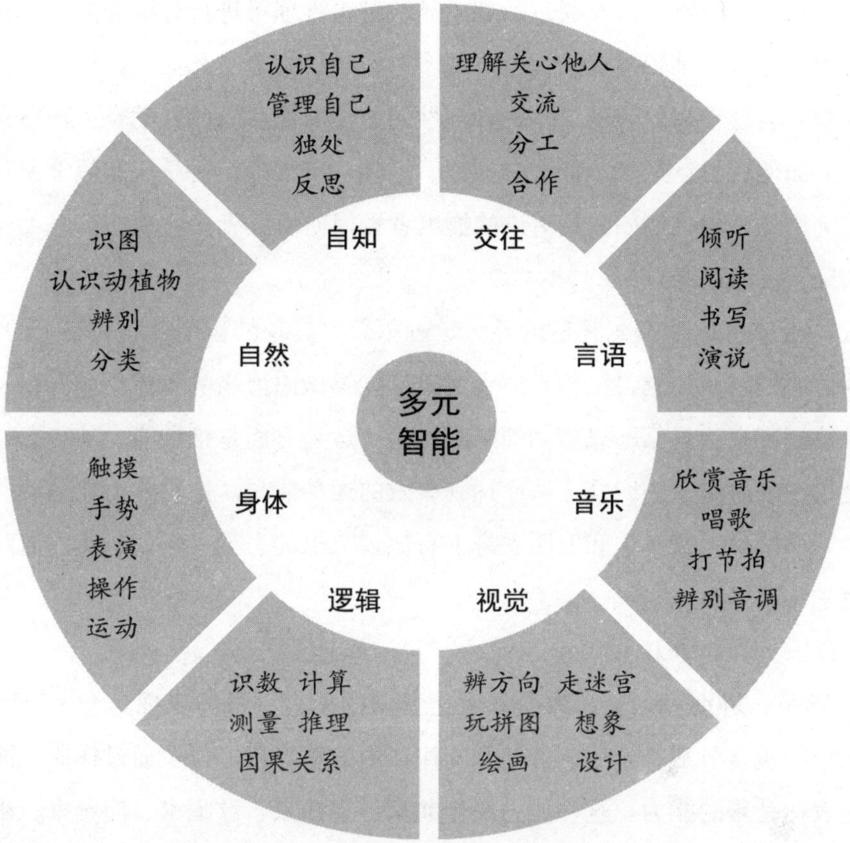

多元智能理论

1.言语—语言能力

指对外语的听、说、读、写的能力，表现为个人能够顺利而高效地利用语言描述事件、表达思想并与人交流的能力。这种智力在记者、编辑、作家、演说家和政治领袖等人身上有比较突出的表现。例如，由记者转变为演说家、作家和政治领袖的丘吉尔。这是一种与生俱来的口才能力，但是和知识面无关。外在语言模仿上也表现很出色，对于演讲、教育、辩论有着一流的口才能力。

2.逻辑—数理能力

指运算和推理的能力，表现为对事物间各种关系（如类比、对比、因果和逻辑等关系）的敏感，以及通过数理运算和逻辑推理等进行思维的能力。它是一种对于理性逻辑思维较显著的智力体现，对数学、物理、几何、化学乃至各种理科高级知识有超常人的表现，是一种理性的思考习惯。一些数学家、物理科学家往往这方面的智力点数都不低，在侦探、律师、工程师、科学家和数学家身上也有比较突出的表现。例如，相对论的提出者爱因斯坦。

3.身体—动觉能力

是所有体育运动员尤其是世界奥运冠军必须具备的运用四肢和躯干的能力，表现为能够较好地控制自己的身体，对事件能够做出恰当的身体反应，以及善于利用身体语言表达自己的思想和情感的能力。运动方面是这种能力的特点，它能有效地组织和协调人的四肢，从而达到有效的运动能量。这种能力在运动员、舞蹈家、外科医生、赛车手和发明家身上有比较突出的表现。例如，美国篮球运动员迈克尔·乔丹。

4.音乐—节奏能力

指感受、辨别、记忆、改变和表达音乐的能力，具体表现为个人对音乐美感反映出的包含节奏、音准、音色和旋律在内的感知度，以及通过作曲、演奏和歌唱等表达音乐的能力。这种能力在作曲家、指挥家、歌唱家、演奏家、乐器制造者和乐器调音师身上有比较突出的表现。例如，音乐天才莫扎特。

5.交往—交流能力

指与人相处和交往的能力。表现为觉察、体验他人情绪、情感和意图并据此做出适宜反应的能力，也是情商的最好展现。因为人和人的交流就是靠语言或眼神以及文字书写的方式来传递。具备这种能力的人往往具有相当的蛊惑力或者煽动性，是组织的焦点，通常为明星或者政客等。这种能力在教师、律师、推销员、公关人员、谈话节目主持人、管理者和政治家等人身上有比较突出的表现。例如，美国黑人领袖、社会活动家马丁·路德·金。

6.自知—自省能力

指认识、洞察和反省自身的能力，表现为能够正确地意识和评价自身的情感、动机、欲望、个性、意志，并在正确的自我意识和自我评价的基础上形成自尊、自律和自制的能力。客观、公正、勇气、自信是建立的基础，因为人最看不清的就是自己。俗话说最难战胜的就是自己，可见这个对手很强大。人在主观时是很盲目的，而正是因为真知的逐渐形成才会变得无畏，就好像小孩子都害怕去医院打针，长大后，就不会再为打针、吃药而恐惧了。这种能力在哲学家、思想家、小说家等人身上有比较突出的表现。例如，哲学家柏拉图。

7.自然—观察智力

指认识世界、适应世界的能力。这是一种在自然世界里辨别差异的能力，如植物区系和动物区系、地质特征和气候；是对我们自己身处的这个大自然环境的规律认知，如历史、人体构造、季节变化、方向的确立、磁极的存在；是感知灵性空间的超自然科学能力；是能适应不同环境的生存能力。

8.视觉—空间能力

指感受、辨别、记忆、改变物体的空间关系并借此表达思想和情感的能力，表现为对线条、形状、结构、色彩和空间关系的敏感，以及通过平面图形和立体造型将它们表现出来的能力。同时对宇宙、时空、维度空间及方向等领域的掌握理解，是更高一层智力的体现，需要有相当的理性思维基础习惯为依托。这种智力在画家、雕刻家、建筑师、航海家、博物学家和军事战略家的身上有比较突出的表现。例如，画家达·芬奇。

每个人都在不同程度上拥有上述8种基本能力，能力之间的不同组合表现出个体间的智力差异。教育的起点不在于一个人有多么聪明，而在于怎样变得聪明，在哪些方面变得聪明。在加德纳教授看来是以能否解决实际生活中的问题和创造出社会所需要的有效的产品的能力为核心的，也是以此作为衡量智力高低的标准的。因此，智力是个体解决实际问题的能力和生产出或创造出具有社会价值的有效的产品的能力。

四、生涯研习

参照示例，请用一张“雷达图”来呈现你对自己多元智能结构的评估。

1.每条半径代表一项智能，圆心代表0分，半径与圆周相交处代表10分。

2.给自己的每项智能在0～10打分，按大致比例标记在半径上。

3.将标记首尾相连，得到一幅雷达图，凸出处代表强项，凹陷处代表弱项。

A同学的智能雷达图

我的智能雷达图

第7课 能力提升宝典

一、生涯预热

相信同学们都很熟悉“纸上谈兵”的典故，其实在历史上类似于纸上谈兵的人物不仅仅只有战国时期赵国的赵括，还有人们所熟知的三国时期的马谡。诸葛亮为实现统一大业，发动了北伐曹魏的战争，马谡主动请缨领兵镇守战略要地街亭，甚至不惜立下军令状。马谡虽熟读兵书却空有谋略，不考虑战场实际和诸葛亮的防守指示，自认为驻扎于荒山之上，居高临下，可以取得更好的战果。最后的结果，同学们都很熟悉——街亭失守，诸葛亮挥泪斩马谡。后世多评马谡为赵括式的人物，虽然有才名，但纸上谈兵。刘备临终前曾叮嘱诸葛亮，马谡言过其实，不可大用，但诸葛亮并未听取，用人失误，造成失败。

同学们可以将赵括和马谡进行对比分析，想一想导致他们失败的共同原因是什么。

二、生涯探索

尽信书则不如无书，赵括、马谡这两个人都熟读兵法，但问题在于他们虽是理论高手，可到了实际操作中却不顾实际情况而生搬硬套，招致失败。在现代社会，这种情况我们称为高分低能。对于中学生而言，努力学习文化知识非常重要，但是在学习知识的过程中还需要学以致用，实现从知识到技能的迁移。

探索活动：慧眼识宝

我们把个人能力情况分为4个区域：Ⅰ喜欢又擅长，Ⅱ喜欢但不擅长，Ⅲ擅长但不喜欢，Ⅳ既不喜欢也不擅长。

1.请对照8方面的智能，写写自己在哪些方面具有优势、哪些方面具有劣势。

2.将整理的优势传给小组的同学，让他们集思广益，帮你发现更多的优势。

3.对照“坐标图”的形式，将自己的优势归类。

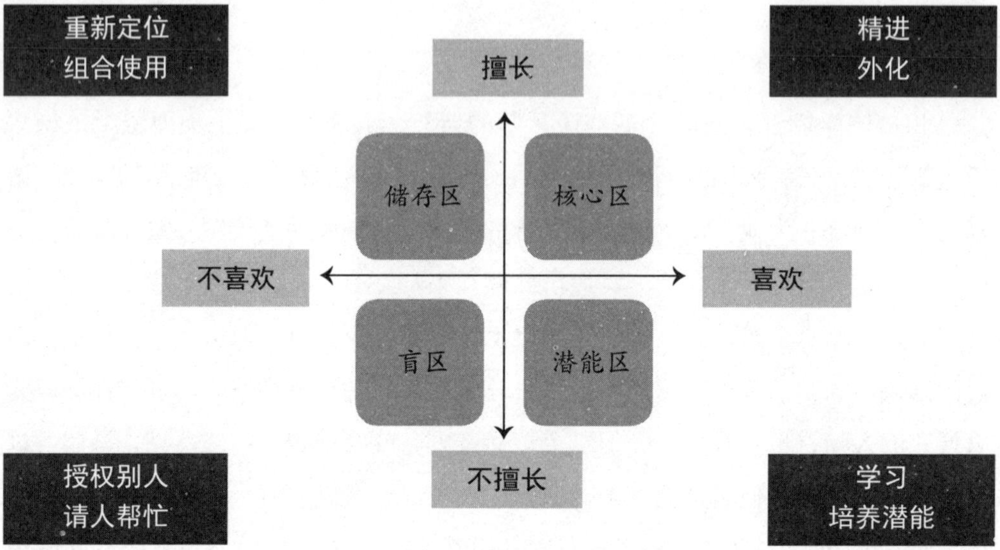

个人情况坐标图

不同的能力区域有着不同的能力管理策略，同学们既喜欢又擅长的能力区域我们可以称为“护城河”或者“核心竞争力”。在这个区域，需要同学们不断投入时间、精力，并不断地进行实践，逐渐成为某个领域的高手。

三、生涯拓展

森林里住着各种各样的小动物。为了变得和人类一样聪明，动物们开办了一所学校。开学的第一天，来了许多动物，有小鸟、小鸡、小鸭，还有小兔子、小松鼠。学校为它们开了五门课程：唱歌、跳舞、跑步、爬山和游泳。当山羊老师宣布今天上跑步课的时候，小兔子兴奋得一下在体育场跑了一个来回，并骄傲地说：“我能做好！这是我天生就喜欢做的事！”再看看其他动物，有噘着嘴的，有拉着脸的……第二天一大早，小兔子蹦蹦跳跳来到学校。老师宣布今天上游泳课，小鸭子兴奋得一下跳进了水里。天生恐水、祖上从来没人能游泳的小兔子傻了眼。不但是小兔子，其他小动物也没了招。第三天是唱歌课，第四天是爬山课……后来发生的事情可想而知了。学校每天开设的课程里，小动物们总有喜欢的和不喜欢的。这则寓言故事诠释了一个通俗的哲理，那就是“不能让猪去唱歌，让兔子学游泳”。要成功，小兔子就该跑步，小鸭子就该游泳，小松鼠就得爬树。要展现自己的优势，千万不能拿自己的短处与别人的长处比较，否则只会一事无成，让自己的自信心受到打击。优势才是你成功的密码。

在潜能开发上，一定要根据自身天赋、资质来开发自己的优势潜能，否则费时费力，还不会有好的结果。俯瞰当今，成功者的灿烂光环环绕着整个世界。梅西是世界足球先生，乔丹是篮球飞人，帕瓦罗蒂是美声歌王……这些精英之所以出类拔萃，是因为其自身的优势获得了最大限度的发挥。而普通人在对这些精英深怀敬仰之时，是否已经明白优势不是这些精英的专利，而是每个人都有的天生优势？

成功者之所以成功，是因为他们知道自己的优势在哪儿，不盲目地做一些不能发挥自己优势的工作。他们利用自己的优势，把自己的优势发挥到了极致。相反，普通人之所以不能发挥自己的优势，是因为他们还没有明白自己的优势在哪儿。所以，要想成功，你就应该知道自己的优势是什么，然后将生活学习和事业都建立在这个优势上面，让优势成为你的主力军。

四、生涯研习

你希望高中二年有哪几项智能得到提𠆤（弥补弱势或者加强优势），打算通过什么途径达成呢？请将自己的想法填入下表。

高中三年学业愿望清单

希望提升的方面	目前得分（1～10）	目标得分（1～10）	提升途径

续表

希望提升的方面	目前得分（1～10）	目标得分（1～10）	提升途径

第8课 价值观面面观

一、生涯预热

1949年新中国成立的消息传遍世界，此时远在大洋彼岸的我国“两弹一星”元勋、著名物理学家钱学森听到此消息后激动万分，坚定信念要把自己所掌握的科学知识服务于新中国建设，改变中国贫穷落后的局面，让中华民族重新立于世界民族之林。于是，钱老毅然放弃了在美国的高收入和优越的科研条件，宁愿忍受令人备受折磨的骚扰和牢狱之灾，克服一切困难，也要回到一穷二白的祖国来支援开发建设。回国后，钱学森一心扑在我国导弹、航天事业上，鞠躬尽瘁，死而后已，把自己的聪明才智完全贡献给了祖国科技发展的伟大事业。他为祖国奉献终身的高尚品德和取得的伟大成就永远为中国人民所牢记。

请同学们思考我们应该从钱老身上学习哪些优秀品质。

二、生涯探索

在生活中，每个人都有自己的衡量标准，衡量周围的是非、善恶和重要性，这个标准就是我们心中的价值观。价值观是人们在考虑问题时所看重的原则和标准，它指向我们一生中最重要的东西，它随着人的成长而形成，相对稳定但也会改变。

心理学家舒伯将职业价值观分为十三类。

1.利他主义

工作的价值和目的，在于直接为大众的幸福和利益尽一份力。

2.美感

工作的价值和目的，在于能不断追求美的东西，得到美感的享受。

3.智力刺激

在于不断进行智力的操作，动脑思考、学习以及探索新事物，解决新问题。

4.成就感

做好一件事或者完成一项任务，为自己所做的事情感到成功的感觉。

5.独立性

在于能充分发挥自己的独立性和主动性，按自己的方式、步调或想法去做，不受他人的干扰。

6.声望、地位

让你在别人的眼里有地位，受尊敬，能引发敬意。

7.管理

在于获得对他人或某事物的管理支配权，能指挥和调遣一定范围内的人或事物。

8.经济报酬

期望获得更高收入使自己能拥有想要的事物。

9.社会交往

在于能和各种人交往，建立比较广泛的社会联系和关系，甚至能和知名人物结识。

10.舒适

希望能将工作作为一种消遣、休息或享受的形式，追求比较舒适、轻松、自由、优越的工作条件和环境。

11.安全感

希望工作稳定，不会因为奖金、涨工资、调动工作或领导训斥等经常提心吊胆、心烦意乱。

12.人际关系

和同事或领导在一起相处很愉快、自然，认为这就是有价值的事。

13.追求新意

希望工作的内容经常变换，使工作和生活显得丰富多彩，不单调枯燥。

那么同学们，你追求的职业价值观是什么呢？我们来一起进行探索吧。

探索活动：价值观大拍卖

（一）游戏规则

1.每个小组分配5000元资金，分别是6张500元、5张200元、10张100元。

2.按照老师所提供的商品，依次进行拍卖。

3.某件商品宣布成交后，不能更改和反悔。

4.拍卖成功后，请助理记下价格出资最高的小组及其额度。

5.每组竞拍成功后，已消费资金由助理取走。

胜负之分：买到了想要的商品、拍到商品最多的小组获胜。

拍卖物品：追求梦想的自由、足够用的财富、一份成功的事业、三五个知心好友、一张名牌大学的毕业证、环游世界、坚定的信仰、勤奋的个人特质、丰富充盈的爱、一个温暖的家庭、一生的健康。

（二）交流分享

1.你认为哪个小组赢了，理由是什么？

____

____

____

2.你是否买到自己认为最重要的商品？如果是，买到时的心情如何？如果不是，因何故没有买到？没有买到的心情如何？

____

____

____

3.你最想买的商品是什么？背后隐含的价值观是什么？为什么它对你而言那么重要？

____

____

____

三、生涯拓展

生活和工作中的事情很少能够完全满足一个人所有的重要价值观。

我们要学会取舍，不断地做出妥协和放弃。

价值观的满足需要能力的支撑。

满足个人价值观的同时，要学会与外部环境价值观和平共处。

尊重是接纳的前提，就像我们不愿意被别人改变一样，别人也不愿意被我们改变。

中国当代社会最主流、最受推崇的价值观是社会主义核心价值观。

党的十八大提出，倡导富强、民主、文明、和谐，倡导自由、平等、公正、法治，倡导爱国、敬业、诚信、友善，积极培育和践行社会主义核心价值观。富强、民主、文明、和谐是国家层面的价值目标，自由、平等、公正、法治是社会层面的价值取向，爱国、敬业、诚信、友善是公民个人层面的价值准则，这24个字是社会主义核心价值观的基本内容。

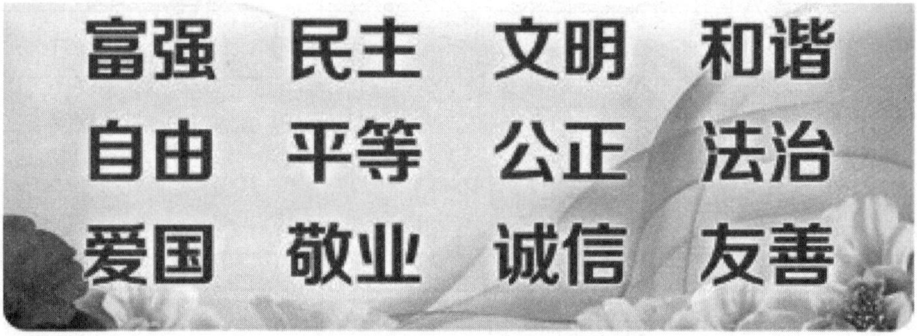

社会主义核心价值观基本内容

四、生涯研习

请同学们利用放假时间和家中长辈进行交流，了解长辈的奋斗历程以及所看重的价值观有哪些，并思考为了实现自己的价值该做些什么。

长辈访谈表

长辈姓名	从事职业	职业内容	奋斗历程（简述）	看重的价值观	启示

第三模块

环境链接

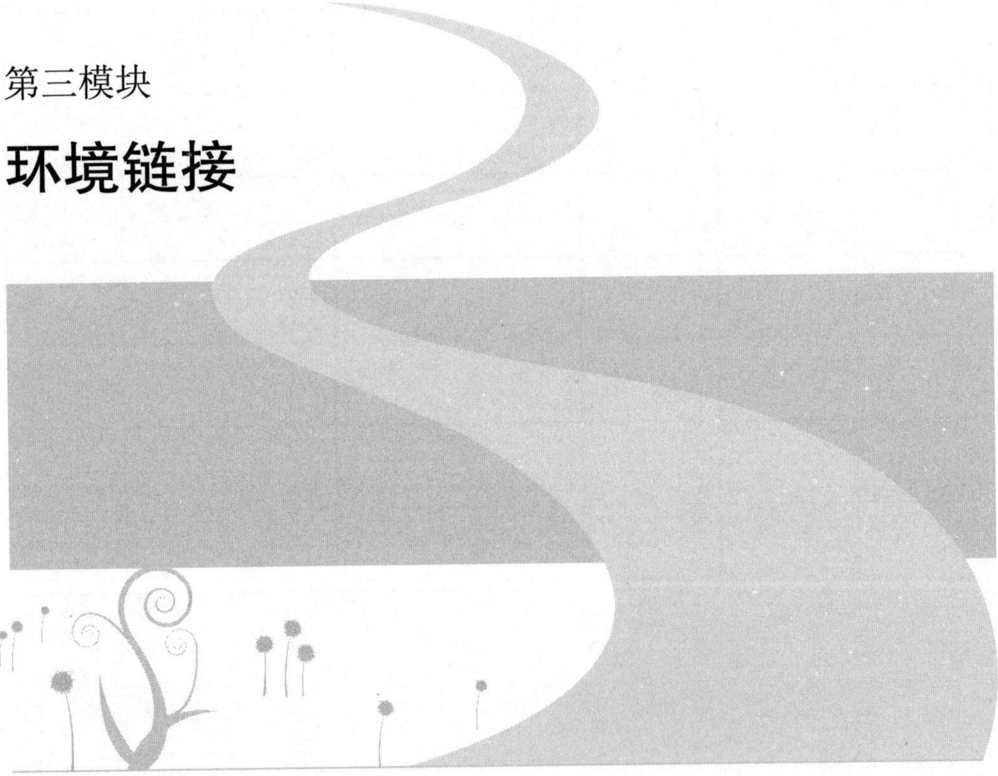

第9课 走近象牙塔

一、生涯预热

2020年高考成绩公布后，考生和家长迎来了第二场战争——填报志愿。几万人甚至几十万人同时博弈，无不绞尽脑汁，期待着战争的胜利。然而一则“广东省632分考生报考电子科技大学成都学院”的新闻，引发了广大网友热议。电子科技大学——一所“双一流”高校，电子科技大学成都学院你了解吗？根据网上查阅的资料，电子科技大学成都学院是一所同样在成都的独立院校，虽然后者只比“电子科技大学”多了4个字，但它们可谓天壤之别。很遗憾，这名632分的高分考生报考的院校是一所与他分数极度不相符的独立学院，大部分网友都表示可惜。

3年的努力与拼搏，最终升入自己满意的大学是每一位同学的理想。我们的选择结果和未来的人生发展息息相关。对于将要学习生活4年的大学，我们应该花时间进行必要的了解：它是重点还是非重点？是否属于“985”或“211”？是否是“双一流”？特色优势是什么？每年的招生分数线是多少？这些都是我们需要关心的问题。除此之外，我们还应该对校园文化、学习氛围、师资力量、所在城市、就业情况、发展情况等进行一些必要的了解。我们对大学了解得越清楚、越详细，我们的选择才会有更明确的指向性，才能真正找到适合我们自己的学校。

二、生涯探索

同学们都很羡慕象牙塔的生活，对未来有美好的憧憬，那么你对我国的大学有多少了解呢？请同学们以小组为单位进行探讨，尝试回答以下几个问题。

1.我国有多少所高校？

2.我国高校的分类有哪些？

3.大家口口相传的“985”“211”到底是怎么一回事？“双一流”高校又是怎么回事？

如果回答得不够完整，我们一起慢慢探索。

三、生涯拓展

（一）我国高校数量

截至2020年6月30日，全国高等学校共计3005所。其中，普通高等学校2740所（含本科院校1258所、高职（专科）院校1482所），成人高等学校265所。所列数字未包含港澳台地区高等学校。

（二）我国高校分类

从学校层次来说，可以分为8种，这8种层次类别越往下学校数量和就读人数也就越多。

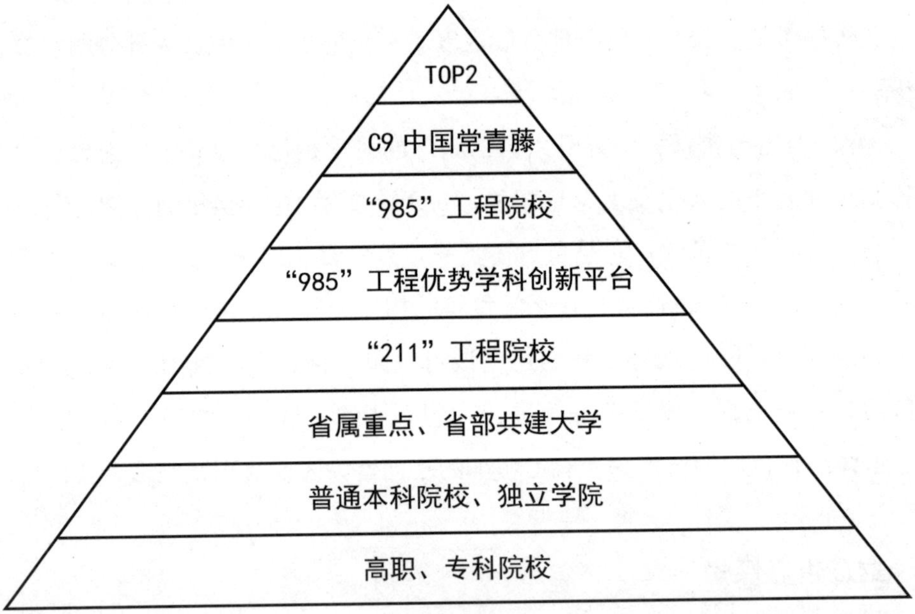

高校分类

1.按照隶属关系分类

可分为部属高校、省部共建、地方所属3类。

2.按照学校性质分类

可分为普通高校、独立学院、民办院校、中外合作院校、成人院校几类。

3.按照学校类型分类

（1）综合性大学

以北京大学、复旦大学、南京大学、浙江大学、武汉大学、中山大学、吉林大学、南开大学、山东大学、四川大学、兰州大学、厦门大学等为代表。这类大学历史悠久，理工文医学科门类齐全，文理渗透。

（2）工科为主的综合性大学

以清华大学、上海交通大学、西安交通大学、同济大学等为代表。这类大学工科专业实力很强，但人文社会科学相对较弱。

（3）准综合大学

如北京科技大学、北京邮电大学、中国农业大学、北京林业大学、中国地质大学、中央财经大学、中国政法大学、北京外国语大学等。这类大学以为各类工业、农林牧水产业、地矿、财经、政法、语言等行业培养专业人才为目的，主体专业实力很强，行业特点明显，与行业有天然联系，都在逐渐向综合性大学发展。

（4）师范类院校

以北京师范大学、华东师范大学、东北师范大学、华中师范大学、华南师范大学和陕西师范大学为代表。这类大学师范专业教学水平往往超过同批次的准综合大学。

（5）专业院校

如医学、艺术、体育、军事、警察等专业院校。这类院校专业性很强，培养目标明确。

上述五类大学，办学实力和特点各异，培养目标和课程设置也有差别。

（三）“985”“211”“双一流”解读

1.“985”工程

“985”工程是中华人民共和国政府为建设若干所世界一流大学和一批国际知名的高水平研究型大学而实施的建设工程。截至2013年年末，我国共有39所

"985"院校。需要注意的是，所有的"985"院校都属于"211"院校，名单如下。

"985"工程大学名单

序号	学校名称	所在地
1	清华大学	北京
2	北京大学	北京
3	复旦大学	上海
4	上海交通大学	上海
5	中国科学技术大学	安徽
6	中国人民大学	北京
7	北京航空航天大学	北京
8	南京大学	江苏
9	同济大学	上海
10	浙江大学	浙江
11	南开大学	天津
12	北京师范大学	北京
13	武汉大学	湖北
14	西安交通大学	陕西
15	华中科技大学	湖北
16	天津大学	天津
17	中山大学	广东
18	北京理工大学	北京
19	东南大学	江苏

续表

序号	学校名称	所在地
20	华东师范大学	上海
21	哈尔滨工业大学	黑龙江
22	厦门大学	福建
23	四川大学	四川
24	西北工业大学	陕西
25	电子科技大学	四川
26	华南理工大学	广东
27	中南大学	湖南
28	大连理工大学	辽宁
29	吉林大学	吉林
30	湖南大学	湖南
31	山东大学	山东
32	重庆大学	重庆
33	中国农业大学	北京
34	中国海洋大学	山东
35	中央民族大学	北京
36	东北大学	辽宁
37	兰州大学	甘肃
38	西北农林科技大学	陕西
39	国防科技大学	湖南

2.“211”工程

“211”工程即面向21世纪重点建设100所左右的高等学校和一批重点学科。这是我国为落实科教兴国战略而实施的一项跨世纪的战略工程，也是新中国成立以来在高等教育领域进行的规模最大的重点建设项目。全国共有116所“211”院校。

“211”工程大学名单

学校名称			所在地
清华大学	北京大学	北京工业大学	北京（26所）
北京理工大学	北京航空航天大学	北京化工大学	
北京邮电大学	对外经济贸易大学	中国传媒大学	
中央民族大学	中国矿业大学（北京）	中央财经大学	
中国政法大学	中国石油大学（北京）	中央音乐学院	
北京体育大学	北京外国语大学	北京交通大学	
北京科技大学	北京林业大学	中国农业大学	
北京中医药大学	华北电力大学（北京）	北京师范大学	
中国地质大学（北京）	中国人民大学		
复旦大学	华东师范大学	上海外国语大学	上海（9所）
上海大学	同济大学	华东理工大学	
东华大学	上海财经大学	上海交通大学	

续表 1

学校名称			所在地
南开大学	天津大学	天津医科大学	天津（4 所）
河北工业大学			
重庆大学	西南大学		重庆（2 所）
华北电力大学（保定）			河北（1 所）
太原理工大学			山西（1 所）
内蒙古大学			内蒙古（1 所）
大连理工大学	东北大学	辽宁大学	辽宁（4 所）
大连海事大学			
吉林大学	东北师范大学	延边大学	吉林（3 所）
东北农业大学	东北林业大学	哈尔滨工业大学	黑龙江（4 所）
哈尔滨工程大学			
南京大学	东南大学	苏州大学	江苏（11 所）
河海大学	中国药科大学	中国矿业大学（徐州）	
南京师范大学	南京理工大学	南京航空航天大学	
江南大学	南京农业大学		
浙江大学			浙江（1 所）
安徽大学	合肥工业大学	中国科学技术大学	安徽（3 所）

续表2

学校名称			所在地
厦门大学	福州大学		福建（2所）
南昌大学			江西（1所）
山东大学	中国海洋大学	中国石油大学（华东）	山东（3所）
郑州大学			河南（1所）
武汉大学	华中科技大学	中国地质大学（武汉）	湖北（7所）
华中师范大学	华中农业大学	中南财经政法大学	
武汉理工大学			
湖南大学	中南大学	湖南师范大学	湖南（3所）
中山大学	暨南大学	华南理工大学	广东（4所）
华南师范大学			
广西大学			广西（1所）
四川大学	西南交通大学	电子科技大学	四川（5所）
西南财经大学	四川农业大学		
云南大学			云南（1所）
贵州大学			贵州（1所）

续表3

学校名称			所在地
西北大学	西安交通大学	西北工业大学	陕西（7所）
陕西师范大学	西北农林科大	西安电子科技大学	
长安大学			
兰州大学			甘肃（1所）
新疆大学	石河子大学		新疆（2所）
海南大学			海南（1所）
宁夏大学			宁夏（1所）
青海大学			青海（1所）
西藏大学			西藏（1所）
第二军医大学	第四军医大学	国防科学技术大学	军事系统（3所）

3.“双一流”工程

世界一流大学和一流学科建设，简称“双一流”。建设世界一流大学和一流学科，是中共中央、国务院做出的重大战略决策，也是中国高等教育领域继“211”工程、“985”工程之后的又一国家战略。首批“双一流”建设高校共计137所，其中世界一流大学建设高校42所（A类36所，B类6所）、世界一流学科建设高校95所、双一流建设学科共计465个（其中自定学科44个）。

36所A类世界一流大学建设高校名单

序号	学校名称	所在地
1	北京大学	北京（8所）
2	中国人民大学	
3	清华大学	
4	北京航空航天大学	
5	北京理工大学	
6	中国农业大学	
7	北京师范大学	
8	中央民族大学	
9	南开大学	天津（2所）
10	天津大学	
11	大连理工大学	辽宁（1所）
12	吉林大学	吉林（1所）
13	哈尔滨工业大学	黑龙江（1所）
14	复旦大学	上海（4所）
15	同济大学	
16	上海交通大学	
17	华东师范大学	
18	南京大学	江苏（2所）
19	东南大学	
20	浙江大学	浙江（1所）
21	中国科学技术大学	安徽（1所）
22	厦门大学	福建（1所）

续表

序号	学校名称	所在地
23	山东大学	山东（2所）
24	中国海洋大学	
25	武汉大学	湖北（2所）
26	华中科技大学	
27	中南大学	湖南（1所）
28	中山大学	广东（2所）
29	华南理工大学	
30	四川大学	四川（2所）
31	电子科技大学	
32	重庆大学	重庆（1所）
33	西安交通大学	陕西（2所）
34	西北工业大学	
35	兰州大学	甘肃（1所）
36	国防科技大学	湖南（1所）

6所B类世界一流大学建设高校名单

序号	学校名称	所在地
1	东北大学	辽宁（1所）
2	郑州大学	河南（1所）
3	湖南大学	湖南（1所）
4	云南大学	云南（1所）
5	西北农林科技大学	陕西（1所）
6	新疆大学	新疆（1所）

95所世界一流学科建设高校名单

序号	学校名称	所在地
1	北京交通大学	北京（22所）
2	北京工业大学	
3	北京科技大学	
4	北京化工大学	
5	北京邮电大学	
6	北京林业大学	
7	北京协和医学院	
8	北京中医药大学	
9	首都师范大学	
10	北京外国语大学	
11	中国传媒大学	
12	中央财经大学	
13	对外经济贸易大学	
14	外交学院	
15	中国人民公安大学	
16	北京体育大学	
17	中央音乐学院	
18	中国音乐学院	
19	中央美术学院	
20	中央戏剧学院	
21	中国政法大学	

续表1

序号	学校名称	所在地
22	中国科学院大学	北京（22所）
23	福州大学	福建（1所）
24	暨南大学	广东（3所）
25	广州中医药大学	
26	华南师范大学	
27	广西大学	广西（1所）
28	贵州大学	贵州（1所）
29	海南大学	海南（1所）
30	河南大学	河南（1所）
31	哈尔滨工程大学	黑龙江（3所）
32	东北农业大学	
33	东北林业大学	
34	中国地质大学	湖北（5所）
35	武汉理工大学	
36	华中农业大学	
37	华中师范大学	
38	中南财经政法大学	
39	湖南师范大学	湖南（1所）
40	延边大学	吉林（2所）
41	东北师范大学	
42	苏州大学	江苏（13所）
43	南京航空航天大学	

续表2

序号	学校名称	所在地
44	南京理工大学	江苏（13所）
45	中国矿业大学	
46	南京邮电大学	
47	河海大学	
48	江南大学	
49	南京林业大学	
50	南京信息工程大学	
51	南京农业大学	
52	南京中医药大学	
53	中国药科大学	
54	南京师范大学	
55	南昌大学	江西（1所）
56	辽宁大学	辽宁（2所）
57	大连海事大学	
58	内蒙古大学	内蒙古（1所）
59	宁夏大学	宁夏（1所）
60	青海大学	青海（1所）
61	中国石油大学	山东（1所）
62	太原理工大学	山西（1所）
63	西北大学	陕西（5所）
64	西安电子科技大学	
65	长安大学	

续表3

序号	学校名称	所在地
66	陕西师范大学	陕西（5所）
67	第四军医大学	
68	华东理工大学	上海（10所）
69	东华大学	
70	上海海洋大学	
71	上海中医药大学	
72	上海外国语大学	
73	上海财经大学	
74	上海体育学院	
75	上海音乐学院	
76	上海大学	
77	第二军医大学	
78	西南交通大学	四川（6所）
79	西南石油大学	
80	成都理工大学	
81	四川农业大学	
82	成都中医药大学	
83	西南财经大学	
84	天津工业大学	天津（3所）
85	天津医科大学	
86	天津中医药大学	

续表4

序号	学校名称	所在地
87	华北电力大学	河北（2所）
88	河北工业大学	
89	西藏大学	西藏（1所）
90	石河子大学	新疆（1所）
91	中国美术学院	浙江（2所）
92	宁波大学	
93	西南大学	重庆（1所）
94	安徽大学	安徽（2所）
95	合肥工业大学	

137所大学“双一流”学科名单

序号	学校名称	“双一流”学科
1	北京大学	哲学、理论经济学、应用经济学、法学、政治学、社会学、马克思主义理论、心理学、中国语言文学、外国语言文学、考古学、中国史、世界史、数学、物理学、化学、地理学、地球物理学、地质学、生物学、生态学、统计学、力学、材料科学与工程、电子科学与技术、控制科学与工程、计算机科学与技术、环境科学与工程、软件工程、基础医学、临床医学、口腔医学、公共卫生与预防医学、药学、护理学、艺术学理论、现代语言学、语言学、机械及航空航天和制造工程、商业与管理、社会政策与管理
2	中国人民大学	哲学、理论经济学、应用经济学、法学、政治学、社会学、马克思主义理论、新闻传播学、中国史、统计学、工商管理、农林经济管理、公共管理、图书情报与档案管理

续表1

序号	学校名称	“双一流”学科
3	清华大学	法学、政治学、马克思主义理论、数学、物理学、化学、生物学、力学、机械工程、仪器科学与技术、材料科学与工程、动力工程及工程热物理、电气工程、信息与通信工程、控制科学与工程、计算机科学与技术、建筑学、土木工程、水利工程、化学工程与技术、核科学与技术、环境科学与工程、生物医学工程、城乡规划学、风景园林学、软件工程、管理科学与工程、工商管理、公共管理、设计学、会计与金融、经济学和计量经济学、统计学与运筹学、现代语言学
4	北京交通大学	系统科学
5	北京工业大学	土木工程（自定）
6	北京航空航天大学	力学、仪器科学与技术、材料科学与工程、控制科学与工程、计算机科学与技术、航空宇航科学与技术、软件工程
7	北京理工大学	材料科学与工程、控制科学与工程、兵器科学与技术
8	北京科技大学	科学技术史、材料科学与工程、冶金工程、矿业工程
9	北京化工大学	化学工程与技术（自定）
10	北京邮电大学	信息与通信工程、计算机科学与技术
11	中国农业大学	生物学、农业工程、食品科学与工程、作物学、农业资源与环境、植物保护、畜牧学、兽医学、草学
12	北京林业大学	风景园林学、林学
13	北京协和医学院	生物学、生物医学工程、临床医学、药学
14	北京中医药大学	中医学、中西医结合、中药学
15	北京师范大学	教育学、心理学、中国语言文学、中国史、数学、地理学、系统科学、生态学、环境科学与工程、戏剧与影视学、语言学
16	首都师范大学	数学

续表2

序号	学校名称	“双一流”学科
17	北京外国语大学	外国语言文学
18	中国传媒大学	新闻传播学、戏剧与影视学
19	中央财经大学	应用经济学
20	对外经济贸易大学	应用经济学（自定）
21	外交学院	政治学（自定）
22	中国人民公安大学	公安学（自定）
23	北京体育大学	体育学
24	中央音乐学院	音乐与舞蹈学
25	中国音乐学院	音乐与舞蹈学（自定）
26	中央美术学院	美术学、设计学
27	中央戏剧学院	戏剧与影视学
28	中央民族大学	民族学
29	中国政法大学	法学
30	南开大学	世界史、数学、化学、统计学、材料科学与工程
31	天津大学	化学、材料科学与工程、化学工程与技术、管理科学与工程
32	天津工业大学	纺织科学与工程
33	天津医科大学	临床医学（自定）
34	天津中医药大学	中药学
35	华北电力大学	能源电力科学与工程（电气工程和动力工程及工程热物理）
36	河北工业大学	电气工程（自定）
37	太原理工大学	化学工程与技术（自定）

续表3

序号	学校名称	"双一流"学科
38	内蒙古大学	生物学（自定）
39	辽宁大学	应用经济学（自定）
40	大连理工大学	化学、工程
41	东北大学	控制科学与工程
42	大连海事大学	交通运输工程（自定）
43	吉林大学	考古学、数学、物理学、化学、材料科学与工程
44	延边大学	外国语言文学（自定）
45	东北师范大学	马克思主义理论、世界史、数学、化学、统计学、材料科学与工程
46	哈尔滨工业大学	力学、机械工程、材料科学与工程、控制科学与工程、计算机科学与技术、土木工程、环境科学与工程
47	哈尔滨工程大学	船舶与海洋工程
48	东北农业大学	畜牧学（自定）
49	东北林业大学	林业工程、林学
50	复旦大学	哲学、政治学、中国语言文学、中国史、数学、物理学、化学、生物学、生态学、材料科学与工程、环境科学与工程、基础医学、临床医学、中西医结合、药学、机械及航空航天和制造工程、现代语言学
51	同济大学	建筑学、土木工程、测绘科学与技术、环境科学与工程、城乡规划学、风景园林学、艺术与设计
52	上海交通大学	数学、化学、生物学、机械工程、材料科学与工程、信息与通信工程、控制科学与工程、计算机科学与技术、土木工程、化学工程与技术、船舶与海洋工程、基础医学、临床医学、口腔医学、药学、电子电气工程、商业与管理

续表4

序号	学校名称	“双一流”学科
53	华东理工大学	化学、材料科学与工程、化学工程与技术
54	东华大学	纺织科学与工程
55	上海海洋大学	水产
56	上海中医药大学	中医学、中药学
57	华东师范大学	教育学、生态学、统计学
58	上海外国语大学	外国语言文学
59	上海财经大学	统计学
60	上海体育学院	体育学
61	上海音乐学院	音乐与舞蹈学
62	上海大学	机械工程（自定）
63	南京大学	哲学、中国语言文学、外国语言文学、物理学、化学、天文学、大气科学、地质学、生物学、材料科学与工程、计算机科学与技术、化学工程与技术、矿业工程、环境科学与工程、图书情报与档案管理
64	苏州大学	材料科学与工程（自定）
65	东南大学	材料科学与工程、电子科学与技术、信息与通信工程、控制科学与工程、计算机科学与技术、建筑学、土木工程、交通运输工程、生物医学工程、风景园林学、艺术学理论
66	南京航空航天大学	力学
67	南京理工大学	兵器科学与技术
68	中国矿业大学	安全科学与工程、矿业工程
69	南京邮电大学	电子科学与技术

续表5

序号	序号	“双一流”学科
70	河海大学	水利工程、环境科学与工程
71	江南大学	轻工技术与工程、食品科学与工程
72	南京林业大学	林业工程
73	南京信息工程大学	大气科学
74	南京农业大学	作物学、农业资源与环境
75	南京中医药大学	中药学
76	中国药科大学	中药学
77	南京师范大学	地理学
78	浙江大学	化学、生物学、生态学、机械工程、光学工程、材料科学与工程、电气工程、控制科学与工程、计算机科学与技术、农业工程、环境科学与工程、软件工程、园艺学、植物保护、基础医学、药学、管理科学与工程、农林经济管理
79	中国美术学院	美术学
80	安徽大学	材料科学与工程（自定）
81	中国科学技术大学	数学、物理学、化学、天文学、地球物理学、生物学、科学技术史、材料科学与工程、计算机科学与技术、核科学与技术、安全科学与工程
82	合肥工业大学	管理科学与工程（自定）
83	厦门大学	化学、海洋科学、生物学、生态学、统计学
84	福州大学	化学（自定）
85	南昌大学	材料科学与工程
86	山东大学	数学、化学
87	中国海洋大学	海洋科学、水产

续表6

序号	学校名称	“双一流”学科
88	中国石油大学（华东）	石油与天然气工程、地质资源与地质工程
89	郑州大学	临床医学（自定）、材料科学与工程（自定）、化学（自定）
90	河南大学	生物学
91	武汉大学	理论经济学、法学、马克思主义理论、化学、地球物理学、生物学、测绘科学与技术、矿业工程、口腔医学、图书情报与档案管理
92	华中科技大学	机械工程、光学工程、材料科学与工程、动力工程及工程热物理、电气工程、计算机科学与技术、基础医学、公共卫生与预防医学
93	中国地质大学（武汉）	地质学、地质资源与地质工程
94	武汉理工大学	材料科学与工程
95	华中农业大学	生物学、园艺学、畜牧学、兽医学、农林经济管理
96	华中师范大学	政治学、中国语言文学
97	中南财经政法大学	法学（自定）
98	湖南大学	化学、机械工程
99	中南大学	数学、材料科学与工程、冶金工程、矿业工程
100	湖南师范大学	外国语言文学（自定）
101	中山大学	哲学、数学、化学、生物学、生态学、材料科学与工程、电子科学与技术、基础医学、临床医学、药学、工商管理
102	暨南大学	药学（自定）
103	华南理工大学	化学、材料科学与工程、轻工技术与工程、农学

续表7

序号	学校名称	“双一流”学科
104	广州中医药大学	中医学
105	华南师范大学	物理学
106	海南大学	作物学（自定）
107	广西大学	土木工程（自定）
108	四川大学	数学、化学、材料科学与工程、基础医学、口腔医学、护理学
109	重庆大学	机械工程（自定）、电气工程（自定）、土木工程（自定）
110	西南交通大学	交通运输工程
111	电子科技大学	电子科学与技术、信息与通信工程
112	西南石油大学	石油与天然气工程
113	成都理工大学	地质学
114	四川农业大学	作物学（自定）
115	成都中医药大学	中药学
116	西南大学	生物学
117	西南财经大学	应用经济学（自定）
118	贵州大学	植物保护（自定）
119	云南大学	民族学、生态学
120	西藏大学	生态学（自定）
121	西北大学	地质学
122	西安交通大学	力学、机械工程、材料科学与工程、动力工程及工程热物理、电气工程、信息与通信工程、管理科学与工程、工商管理

续表8

序号	学校名称	“双一流”学科
123	西北工业大学	机械工程、材料科学与工程
124	西安电子科技大学	信息与通信工程、计算机科学与技术
125	长安大学	交通运输工程（自定）
126	西北农林科技大学	农学
127	陕西师范大学	中国语言文学（自定）
128	兰州大学	化学、大气科学、生态学、草学
129	青海大学	生态学（自定）
130	宁夏大学	化学工程与技术（自定）
131	新疆大学	马克思主义理论（自定）、化学（自定）、计算机科学与技术（自定）
132	石河子大学	化学工程与技术（自定）
133	中国矿业大学（北京）	安全科学与工程、矿业工程
134	中国石油大学（北京）	石油与天然气工程、地质资源与地质工程
135	中国地质大学（北京）	地质学、地质资源与地质工程
136	宁波大学	力学
137	中国科学院大学	化学、材料科学与工程
138	国防科技大学	信息与通信工程、计算机科学与技术、航空宇航科学与技术、软件工程、管理科学与工程
139	第二军医大学	基础医学
140	第四军医大学	临床医学（自定）

四、生涯研习

通过上面对大学的介绍，相信同学们对我国高校有了一定程度的认识与了解。请同学们利用课余时间，选择一所自己感兴趣的大学，制作一张这所大学的专属资料卡。

我的大学专属资料卡

学校类型		地址	
校训		师资力量	
优势学科		博士、硕士点数量	
重点实验室名称		就业情况	

第10课 专业万花筒

一、生涯预热

小李在2019年高考中取得了优异的成绩，全家人都为他感到高兴，可是在填报志愿的时候小李发了愁，这么多学校、专业，应该选择哪个呢？尤其是专业，更是名目繁多。小李觉得父母接触的人更广、经验更丰富、知道得更多，于是就让父母帮自己选择志愿。小李是一名理科生，班里有不少同学选择机械类专业，他也有这样的想法，但是父母不同意，他们认为机械专业整天一身油污、拿着扳手、围着机器转来转去拧螺丝，没前途，极力反对小李的选择。最后，在母亲的推荐下，小李选择了对外经贸大学阿拉伯语专业，理由很简单，那些海湾国家比较富裕，学会阿拉伯语肯定会有更好的发展。于是，小李按照母亲的意愿填报了志愿，最终被对外经贸大学阿拉伯语专业录取。可是，事情并没有按照预期发展。小李上大学之后，发现自身对这个专业一点儿兴趣也没有，根本就学不明白、听不懂，在他看来，那些阿拉伯文字无异于画符，如同听天书一般，于是头两年的大学生活就在游戏和挂科中度过了。后来，醒悟的小李再不愿这样荒废时间，毅然决然选择复读，重新参加高考。

请同学们思考一下，如果你是小李，在填报志愿的时候如何做才能避免小李的遭遇。

二、生涯探索

教育部教育发展研究中心针对高三学生所做的一项调查显示：75.2%的高三学生对高考志愿中专业的了解程度为“了解一点点”或“完全不了解”。一个调查权威机构曾对大一学生做过一个抽样调查，结果表明，42.1%的大学生对所选专业不满意，如果可以重新选择，65.5%的大学生表示将选择别的专业。综合以上调查说明，学生选择大学专业时越注重自己的兴趣、学科能力、职业生涯发展潜力因素，对所选专业的满意度就越高。适合的专业选择应该是个人、专业与社会需求及其发展方向相吻合的结果。

根据《普通高等学校本科专业目录（2020年版）》，我国高校开设的学科主要分为四大类，分别是人文科学、社会科学、理论科学、工程科学。进一步细分可以分为12个学科门类，有哲学、经济学、法学、教育学、文学、历史学、理学、工学、农学、医学、管理学和艺术学，共703个专业。

探索活动：我心目中的专业

当前资讯发达，同学们通过上网或者与家人、朋友的接触会对一些专业有或多或少的了解。请同学们结合自身条件和对专业的了解，写出你最喜欢的3个专业和最不喜欢的3个专业并注明理由。请大家认真思考，完成下面的表格。

我的专业分析表

我最喜欢的专业	序号	专业名称	喜欢的理由
	专业 1		
	专业 2		
	专业 3		
我最不喜欢的专业	序号	专业名称	不喜欢的理由
	专业 1		
	专业 2		
	专业 3		

三、生涯拓展

知己知彼方可百战百胜。我们在努力学习、提升考试成绩的同时，需要对大学、对专业有更深入的认识，这样才能避免将来因为专业选择不合适而走弯路。须知，努力很重要，可如果选择的方向错了，也会浪费大好青春年华。那么，了解大学专业的途径有哪些呢？

1.关注高校招生计划网

每所学校都会下发当地教育考试院编印的各高校招生计划，招生计划中会对高校专业设置、招生计划以及往年分数线等情况有详细的说明。

2.登录各高校官网

同学们可以登录感兴趣的大学官方网站，里面有各大学的详细资料和招生信息。

3.与在读或者毕业的学长、学姐交流

同学们可以利用课余时间与你感兴趣大学的学长、学姐或毕业生交流，获得该所大学的相关专业信息。

4.去招生咨询现场

每年都会有高校进校园或者高招咨询会在中学举行，这是一个与招生老师面对面交流的绝佳机会。同学们可以利用这个机会，当面与招生老师交流，了解相关大学的专业情况，获得第一手资料。

5.登录阳光高考平台https：//gaokao.chsi.com.cn

这个网站是教育部高校招生阳光工程指定平台，里面有最新的详细招生政策、大学专业介绍、毕业生就业方向、专业满意情况等信息介绍。

以上了解专业的途径中，就你而言最适合、最有效的途径是哪个？为什么？你还知道哪些了解大学专业的途径？

四、生涯研习

请同学们找3～4个与你喜欢相同专业的学生组成一个专业探索小组，通过了解的专业途径，就喜欢的专业进行一场探索之旅，形成专业探索报告。

调查核心点：

1.该专业主要有哪些课程？和当前的学习有何联系？

2.开设这个专业的学校有哪些？都属于什么层次的大学？

3.这个专业主要研究什么？

4.该专业的发展前景如何？

5.该专业的毕业生能从事哪些行业？就业率如何？年薪多少？

6.该专业内有哪些专家、学者？他们取得了哪些成就？他们又是怎样成功的？

7.该专业领域内有哪些权威的企业、机构？

8.如果学习这个专业，哪些大学更具有优势？这个专业对学生有什么样的要求？

第11课 职业大世界

一、生涯预热

小杨是武汉大学工商管理专业的学生。他清楚地知道，要找一份满意的工作就要处处走在别人前面。刚上大一，小杨在不放松学业的同时，就开始参加各类社会活动。到了大四，小杨争取到在学校毕业生就业指导办公室做学生工作的机会。近水楼台先得月，小杨不仅了解到更多关于就业的信息，而且获得了与招聘单位近距离接触的机会。

小杨心仪已久的深圳一家公司来武大开专场招聘会时，在招聘会的前一天晚上，小杨利用接待的机会，找到了该公司负责招聘的人力资源部经理。人力资源部经理问了他几个关于企业文化的问题，他回答得很好，加上自身各方面条件都不错，所以顺利地通过了第一次面试，为第二天的正式招聘抢占了先机。等到公司总经理亲自面试时，小杨成功地通过了面试。小杨说，找工作，不仅在学习和社会经验上要走在前面，应聘时也要早做打算。

看到这个成功求职的经历，有的同学可能会感到迷惑："我才上高中呀，职业对于我还很遥远。"确实，真正踏入职场是大学毕业之后甚至是读研、读博之后。现在学习关于职业的知识并不是让大家现在就确定自己将来所从事的职业，而是让大家试着去探索发现什么是自己想要的职业，对未来的发展有所规划，以此来引领我们高中的学习生活。下面，就让我们进入探索的世界吧。

二、生涯探索

根据国家统计局的数据，我国有20个行业门类，往下细分有95个大类、396个中类、913个小类。可见，当今行业划分之细，远远超过了传统俗语说的"三百六十行"。我国2015年修订的《中华人民共和国职业分类大典》把职业分为8个大类、66个中类、413个小类、1838个细类（即职业）。而且随着经济的发展、科技的进步，当代社会又催生了许多新兴职业。比如，电商、酒店试睡员、职业电子竞技运动员、私人旅游线路定制师等。

中华人民共和国职业分类大典
（2015版）

大类	中类	职业描述
1.党的机关、国家机关、群众团体和社会组织、企事业单位负责人	1-01.中国共产党机关负责人	在中国共产党机关，国家机关，民主党派和工商联，人民团体和群众团体、社会组织及其工作机构，基层群众自治组织，企事业单位中担任领导职务并具有决策、管理权的人员
	1-02.国家机关负责人	
	1-03.民主党派和工商联负责人	
	1-04.人民团体和群众团体、社会组织及其他成员组织负责人	
	1-05.基层群众自治组织负责人	
	1-06.企事业单位负责人	
2.专业技术人员	2-01.科学研究人员	从事科学研究和专业技术工作的人员
	2-02.工程技术人员	
	2-03.农业技术人员	
	2-04.飞机和船舶技术人员	
	2-05.卫生专业技术人员	
	2-06.经济和金融专业人员	
	2-07.法律、社会和宗教专业人员	
	2-08.教学人员	
	2-09.文学艺术、体育专业人员	
	2-10.新闻出版、文化专业人员	
	2-99.其他专业技术人员	
3.办事人员和有关人员	3-01.办事人员	在公共管理和社会组织机构中从事行政业务、行政事务、行政执法和仲裁、安全保卫、消防和应急救援等工作的人员
	3-02.安全保卫和消防人员	
	3-99.其他办事人员和有关人员	

续表1

大类	中类	职业描述
4.社会生产服务和生活服务人员	4-01.批发与零售服务人员	从事商品批发零售、交通运输、仓储、邮政和快递、住宿和餐饮、信息传输、软件和信息技术以及金融、房地产、租赁和商务、技术辅助、生态保护、文化、体育和娱乐等社会生产服务与生活服务工作的人员
	4-02.交通运输、仓储和邮政服务人员	
	4-03.住宿和餐饮服务人员	
	4-04.信息传输、软件和信息技术服务人员	
	4-05.金融服务人员	
	4-06.房地产服务人员	
	4-07.租赁和商务服务人员	
	4-08.技术辅助服务人员	
	4-09.水利、环境和公共设施管理服务人员	
	4-10.居民服务人员	
	4-11.电力、燃气及水供应服务人员	
	4-12.修理及制作服务人员	
	4-13.文化、体育和娱乐服务人员	
	4-14.健康服务人员	
	4-99.其他社会生产和生活服务人员	
5.农、林、牧、渔业生产及辅助人员	5-01.农业生产人员	从事农、林、畜、渔业生产活动及辅助生产的人员
	5-02.林业生产人员	
	5-03.畜牧业生产人员	
	5-04.渔业生产人员	
	5-05.农、林、牧、渔业生产辅助人员	
	5-99.其他农、林、牧、渔业生产及辅助人员	

续表2

<table>
<tr><th>大类</th><th>中类</th><th>职业描述</th></tr>
<tr><td rowspan="23">6. 生产制造及有关人员</td><td>6-01. 农副产品加工人员</td><td rowspan="23">从事产品生产及设备制造、矿产开采、工程施工和运输设备操作的人员及有关人员</td></tr>
<tr><td>6-02. 食品、饮料生产加工人员</td></tr>
<tr><td>6-03. 烟草及其制品加工人员</td></tr>
<tr><td>6-04. 纺织、针织、印染人员</td></tr>
<tr><td>6-05. 纺织品、服装和皮革、毛皮制品加工制作人员</td></tr>
<tr><td>6-06. 木材加工、家具与木制品制作人员</td></tr>
<tr><td>6-07. 纸及纸制品生产加工人员</td></tr>
<tr><td>6-08. 印刷和记录媒介复制人员</td></tr>
<tr><td>6-09. 文教、工美、体育和娱乐用品制作人员</td></tr>
<tr><td>6-10. 石油加工和炼焦、煤化工生产人员</td></tr>
<tr><td>6-11. 化学原料和化学制品制造人员</td></tr>
<tr><td>6-12. 医药制造人员</td></tr>
<tr><td>6-13. 化学纤维制造人员</td></tr>
<tr><td>6-14. 橡胶和塑料制品制造人员</td></tr>
<tr><td>6-15. 非金属矿物制品制造人员</td></tr>
<tr><td>6-16. 采矿人员</td></tr>
<tr><td>6-17. 金属冶炼和压延加工人员</td></tr>
<tr><td>6-18. 机械制造基础加工人员</td></tr>
<tr><td>6-19. 金属制品制造人员</td></tr>
<tr><td>6-20. 通用设备制造人员</td></tr>
<tr><td>6-21. 专用设备制造人员</td></tr>
<tr><td>6-22. 汽车制造人员</td></tr>
<tr><td>6-23. 铁路、船舶、航空设备制造人员</td></tr>
</table>

续表3

大类	中类	职业描述
6. 生产制造及有关人员	6-24. 电气机械和器材制造人员	从事产品生产及设备制造、矿产开采、工程施工和运输设备操作的人员及有关人员
	6-25. 计算机通信和其他电子设备制造人员	
	6-26. 仪器仪表制造人员	
	6-27. 废弃资源综合利用人员	
	6-28. 电力、热力、气体、水生产和输配人员	
	6-29. 建筑施工人员	
	6-30. 运输设备和通用工程机械操作人员及有关人员	
	6-31. 生产辅助人员	
	6-99. 其他生产制造及有关人员	
7. 军人	7-00. 军人	军人
8. 不便分类的其他从业人员	8-00. 不便分类的其他从业人员	不便分类的其他从业人员

职业的世界犹如万花筒一般，亲爱的同学们，你对于未来的职业有困惑吗？我们一起从身边的人和熟悉的事开始探索。

探索活动一：我的亲人职业探索

请同学们利用空闲时间完成对亲人的访谈，了解他们所从事职业的主要工作内容、工作环境、待遇、满意度、未来发展计划等，整理好填入下表。

亲人访谈表

亲人称呼	职业	主要工作内容	工作环境	待遇	满意度	未来发展计划

探索活动二：集中智慧探职业

请同学们以小组为单位进行头脑风暴，一起探讨并列出与平板电脑相关的职业（越多越好），做好记录，看看哪个小组研讨的结果最多，并交流这个活动对你的启示。同学们可以参考下面的思考方向进行头脑风暴：

①与平板电脑相关的职业；

②与平板电脑设计相关的职业；

③与适用于平板电脑软件研发的职业；

④与平板电脑内部元器件设计与制造相关的职业；

⑤与平板电脑销售有关的职业；

⑥与平板电脑售后相关的职业。

三、生涯拓展

生涯人物访谈法是一种收集职业信息的重要方法，即通过对一定数量的职业人（通常是自己感兴趣的职业从业者）的访谈而获取关于一个行业、职业和单位“内部”信息的职业探索活动。生涯人物访谈有助于我们了解某一职业的实际工作情况，获取相关职业领域的信息，进而判断自己是否真的对该职业感兴趣。这实际上是一种间接、快速的职业体验。

具体的操作步骤如下。

（一）选定访谈对象

结合自己的兴趣、技能、工作价值观、教育背景和已掌握的职业知识列出未来自己可能从事的几个职业，然后在每个职业领域寻找3位以上的在职人士作为生涯人物。生涯人物可以是自己的亲人、老师和朋友，可以是他们推荐的其他人，也可以借助行业协会、大型同学录或某个具体组织的网页来寻找其他职场人士。

（二）拟定访谈提纲

对生涯人物的访谈可以围绕以下要点进行：行业、单位名称、职业（职位）、工作性质和类型、主要内容、工作地点和时间、任职资格、所需技能、市场前景、行业相关信息、工作环境、工作强度、薪酬福利、工作感受、员工满意度等。

（三）预约采访

预约方式有电话、QQ、电子邮件、微信和普通信件等，其中电话最好。预约时首先介绍自己，然后说明找到对方的途径、采访目的、采访需要的时间（通常30分钟左右），确认采访的日期、时间和地点。

注意事项：

①联系前的准备要充分，电话联系时还应备好纸和笔，以备随时记录；

②联系时一定要有礼貌，时间要短。

（四）实地访谈

方式可以是面谈、电话访谈、QQ访谈，最好是面谈。面谈前，采访者一般可以用已经从其他渠道了解的生涯人物的好消息轻松打开话题，之后就可以按设计好的问题开始访谈。遇到生涯人物谈兴正浓时，采访者要乐于倾听，给生涯人物留出提供其他信息的机会。在访谈结束时，请生涯人物再给自己推荐其他相关的生涯人物，这样就可以用滚雪球的方式拓展自己的职业认知领域。

注意事项：

①采访前为自己准备一个“30秒的广告”，因为在访谈过程中生涯人物可能会问采访者的职业兴趣和求职意向；

②面谈前应征求生涯人物的意见，视情况对谈话进行录音、书面记录；

③面谈一定要守时、简洁，不浪费他人时间；

④访谈结束后，对于不允许访谈现场记录的内容应迅速补记；

⑤采访结束后1天之内要通过合适的方式表示感谢。

（五）访谈结果分析

在一个职业领域采访3个以上的生涯人物后，用职业信息加工的观点来分析，对照之前自己对该职业的认识，找出主观认识与现实之间的偏差，确定自己是否适合这个职业和工作环境，是否具备所需能力知识与品质，形成书面总结报告，进而详细制订大学期间的自我培养计划。如果访谈结果与自己之前的认识出现严重脱节，就有必要进入另一个职业领域开展新一轮的生涯人物访谈了。

四、生涯研习

请同学们对20年后自己可能从事的职业进行联想，制作自己20年后的职业名片。

我的职业名片

<table>
<tr><td>姓名</td><td></td><td rowspan="3">主要成就：</td></tr>
<tr><td>所在城市</td><td></td></tr>
<tr><td>毕业院校及专业</td><td></td></tr>
</table>

续表

<table>
<tr><td>职业名称</td><td></td><td rowspan="3">对工作和生活的想法：</td></tr>
<tr><td>所属行业</td><td></td></tr>
<tr><td>主要工作内容</td><td></td></tr>
<tr><td>职位</td><td></td><td rowspan="2">从事这一职业需要具备的素质：</td></tr>
<tr><td>待遇</td><td></td></tr>
</table>

第12课 新兴VS热门

一、生涯预热

自2017年起，李子柒开始被大众所熟知。其作品《面包窑》发布后，微博单平台播放量超过1亿次，点赞数超100万次，全网播放量近2亿次。高涨的热度源于其真实、治愈的视频风格，身体力行地诠释一个东西的来源、做法、用处。《兰州牛肉面》向人们揭示了一碗日常牛肉面里蕴含的奇妙非凡的中华面文化。《汉妆》极富古典美的传统美妆品制作，展现了几百年前古代女子素雅天然的美颜古方，甚至有网友急切寻求汉妆教程和购买地址……打磨了3年多内容的李子柒创立了自己的品牌。“李子柒”个人品牌通过一系列的内容生产和营销传播，达到了营销目的，实现了个人品牌的社会价值。微博红人节上，李子柒同时获得最具商业价值奖和年度视频红人奖，证明了大众的认可与期待。

随着科技的不断发展，现代社会催生出了许多新兴职业。比如，李子柒利用互联网快速发展优势，结合我国传统文化获得了大众的认可和丰厚的物质收益；利用直播软件进行网络直播催生出了一批网红，如李佳琦。同学们，请认真想想你还知道哪些新兴职业。

二、生涯探索

蒸汽机车诞生于1804年的英国，由发明家理查德·特里维西克制造并完成实验，成为最早的蒸汽机车，由此人类社会的陆路运输彻底摆脱骡马、人力的桎梏，进入了蒸汽时代，运力和速度大为提升。但是，随着人类科技的进步，很快人类社会进入了内燃机时代，汽车和飞机得到了快速发展，而此时传统的铁路运输市场份额逐渐萎缩，传统的铁路运输逐渐成为夕阳产业。以美国为例，美国的铁路运输建设在现代社会远远落后于属于发展中国家的中国，这是因为美国人更加依赖于航空领域，很多美国人出行方式要么是汽车要么是飞机，很少或者根本没有坐过火车。

同样作为运输大国的中国，铁路2013年货运已经出现了负增长，货运量和货运周转量分别比2012年下降了0.3%和1.1%。类似于美国，其他交通方式如飞机在中国得到了快速发展，这也使得传统的铁路运输面临更大的挑战。由于中国不断进行科技和产业升级，落后产能与技术不断被淘汰，因而动车这一新技术快速推广，我国铁路运输焕发出新的生命力，越来越多的中国人选择动车作为出行方式。随着我国高速铁路建设不断推进，相信在不久的未来，我国动车组数量会有更大的发展。

通过调查发现，传统的报纸、燃油发动机、石油煤炭工业、固定电话等行业已经属于夕阳行业。与“夕阳行业”相对的是“朝阳行业”，这说明任何一个行业的发展都有其成长与衰退周期。行业与职业密切相关，因此，同学们在进行职业选择的时候一定要认真考虑行业，看它所属行业是正在发展中还是已经逐渐步入夕阳产业。如果从事夕阳产业，那与之对应的职业也就属于夕阳职业，将面临被淘汰的命运。

请同学们以小组为单位，相互探讨还有哪些行业属于夕阳产业，行业里面包含哪些职业，这些行业沦为夕阳产业的原因是什么。

三、生涯拓展

新能源汽车市场连续高速增长，与此同时，包括比亚迪、恒大汽车等新能源车企密集发布了新的融资项目，新能源汽车迎来了新一轮投资高潮。

据统计，截至2021年2月底，我国新能源汽车领域已发生13起投融资业务，主要包括定向增发、引入战略投资以及上市融资等，涉及比亚迪、恒大汽车、零跑汽车、合创汽车、法拉第未来等多个品牌。

比亚迪完成了近300亿港元的定向增发，2021年以来，比亚迪已经完成了两次融资，不断加码电动化。恒大汽车也发布公告，称与6名投资者分别签订认购协议，以每股27.30港元定向增发总9.52亿股新股，共筹资260亿港元。小鹏汽车近期也宣布与广东粤财投资控股有限公司达成战略合作，达成5亿元的合作协议。

据不完全统计，从2011年到2020年，新能源汽车投融资累计近900起，披露投融资金额近4000亿元。2019年是新能源造车新势力最困难的一年，但在政策和市场的大力推进下，虽然受到新冠肺炎疫情影响，2020年新能源汽车行业的融资金额却近1300亿元，近10年来首次突破千亿元。

2021年新能源汽车产业又开启新一波上市潮。威马汽车和恒大汽车明确了登陆科创板的计划；零跑汽车完成B轮融资，计划在年底前登陆科创板。除了整车制造领域，众多新能源汽车产业链企业也引起资本市场的关注。动力电池制造商天能股份以及新能源汽车控制器研发商菱电电控计划分别于年内登陆科创板。中国汽车工业协会最新数据显示，今年2月，新能源汽车销售同比增长近6倍。今年前两个月，新能源汽车累计销售同比增长3.2倍。乘联会秘书长崔东树表示，预计到2025年，中国新能源车将达到市场份额的20%左右。

有机构分析认为，新能源汽车产业是中国战略性新兴产业之一，国家先后出台了不少激励政策，从研发、生产、消费、使用以及运营等环节，强力推进新能源汽车产业发展。在“新能源汽车下乡”等政策推动下，新能源汽车市场未来发展潜力巨大。

依托于当代中国经济科技高速发展，新兴行业快速发展不仅仅体现在新能源汽车上，还包括云计算、大数据、虚拟现实、人工智能、量子通信等诸多新兴行业，这其中也就诞生了许多与之相关的新兴职业、新兴专业。对很多人来说，选择热门的、朝阳的行业是制订职业规划及发展目标的重要一环，因为热门行业往往与稳定的发展前景、可观的收入增长甚至快速的职业进阶相关。不过，并不是好的行业就一定适合你，最重要的还是对工作的期望值和喜好做一个综合判断。另外，永远不要企图找到一个始终屹立不倒的行业，更需要强调的是贯穿个人职业生命周期的职业发展能力。

四、生涯研习

请同学们以小组为单位选择一个新兴职业和热门职业进行比较，做出自己的选择，并注明理由。

我的职业选择

新兴职业	知名人物	特点	优势	发展现状	未来潜力
热门职业	知名人物	特点	优势	发展现状	未来潜力

第13课 我的资源库

一、生涯预热

肯尼迪家族是爱尔兰逃荒到美国的后裔。家族成员老约瑟夫·P.肯尼迪于1888年生于波士顿，“一战”结束后投资股票赚了大钱，成为百万富翁，后来成为驻英公使。政治似乎永远是肯尼迪家族血液中不可缺少的东西，而这种传统似乎从肯尼迪第一代就形成了。老约瑟夫·肯尼迪和露丝共育有4男5女，除当空军飞行员的老大29岁时因飞机失事不幸殉职，其余的3个儿子都步入政坛，成为显赫一时的政治人物。老二约翰先做参议员，后当总统，登上了美国政治的顶峰，老七罗伯特做过参议员、司法部部长，最小的爱德华也是一名参议员。肯尼迪家族有26人活跃在美国政界。通过对肯尼迪家族成员的了解，你有什么发现?

肯尼迪家族成员表

主要成员	关系／职务
约瑟夫·P·肯尼迪	肯尼迪家族第二代成员，美国第35任总统约翰·肯尼迪的父亲／波士顿银行总裁，美国驻英国大使
罗丝·菲茨杰拉德·肯尼迪	波士顿市长之女，美国第35任总统约翰·肯尼迪的母亲／美国驻英国大使夫人
小约瑟夫·肯尼迪	美国前总统约翰·肯尼迪之兄／美国空军飞行员，在“二战”中身亡
约翰·肯尼迪	约瑟夫·P·肯尼迪之子／美国第35任总统，曾先后任众议员和参议员
杰奎琳·肯尼迪	美国第35任总统约翰·肯尼迪的夫人／1961年到1963年的美国第一夫人，《华盛顿先驱时报》记者
尤尼斯·肯尼迪·施莱佛	美国前总统约翰·肯尼迪之妹／国际特奥会创始人、名誉主席
罗伯特·肯尼迪	美国前总统约翰·肯尼迪之弟／司法部部长，1964年当选为纽约州参议员

续表

肯尼迪家族主要成员	关系／职务
爱德华·肯尼迪	美国前总统约翰·肯尼迪之弟／1962年当选为马萨诸塞州参议员
凯瑟琳·肯尼迪·卡文迪许	美国前总统约翰·肯尼迪之妹／哈廷顿侯爵夫人，英美社交名媛
小约翰·菲茨杰拉德·肯尼迪	美国前总统约翰·肯尼迪之子／《乔治》杂志创办人
卡罗琳·肯尼迪	美国前总统约翰·肯尼迪之女／卡罗琳基金会创办人
约瑟夫·肯尼迪二世	美国前司法部部长罗伯特·肯尼迪之子，总统约翰·肯尼迪之侄／马萨诸塞州众议员
玛丽娅·施莱弗	美国前总统约翰·肯尼迪之侄女／加利福尼亚州第一夫人

二、生涯探索

个体的成长会打上家庭的烙印，如果想要进一步了解未知的自我从而规划生涯，那么家庭就是你有待开启的宝藏。通过家谱，我们可以追溯到每个人的根源。同样，我们通过家族职业树，可以更好地了解自己家族成员的职业取向，甚至可以预测自己的职业趋向。

探索活动：绘制家族职业树

第一步：在树根部写上个人爱好的职业。

第二步：把家族中各个成员的职业分别填入树的枝干并标出称谓。

第三步：用笔在与你有密切关系的重要人物处做上标志。

绘制完成后，以小组为单位进行交流分享下面几个问题，并谈谈你的感受。

1.我的家族主要从事哪几种职业？我的家族中从事最多的职业是什么？

____

____

____

2.通过分析家族职业树，哪些职业是我要考虑的，哪些职业是我不考虑的？为什么？

____

____

____

3.我认为家族所从事的职业有哪些可以作为可以利用的资源，如何利用？

____

____

____

三、生涯拓展

同学们借助绘制家族职业树活动，进一步梳理了家庭资源，这对未来职业选择有很好的借鉴意义。从一定程度上而言，我们可以充分利用家族的资源，进一步了解职业信息，帮助自己将来有更好的发展。

在学习和生活中，我们往往会遇到很多困难，当面临的困难超出我们自身解决能力的时候，我们就需要借助外界资源来帮助我们战胜困难。那么，同学们所拥有的外界资源除了已经探索的家族职业树，还有哪些呢？我们来一起完善资源库。

在现实生活中，没有人会一生平坦，总会遭遇一些挫折和困难。那么，当你遇到困难，单纯凭借自己的力量无法解决，这个时候你就需要向身边的人寻求帮助，大家群策群力，共同帮你渡过难关。因此，同学们在实际的学习生活中要及时向身边的资源求助。

这里有一个问题，需要大家思考。当你遇到困难需要外界帮助时，你可以向哪些人求助呢，思考一下，谁最理解你，你最信任谁，你最希望得到谁的指点，这些人都有谁（你的同学、你的朋友、你的老师、你的父母，等等）。请同学们静下心来，认真梳理自己的资源库，看看都有哪些人会进入你的资源库，把你想到的人的名字写下来并注明和你的关系。与你关系越近，你可以把他（她）的名字写得越靠前。写完之后，相互交流一下，看看当你遇到下面困难时，有哪些资源可以利用。

我的资源库

求助内容	可求助人
学业问题	
人际关系	
未来规划	
亲子矛盾	
身体问题	
其他困难	

四、生涯研习

亲人不仅在日常生活中给予我们爱和关怀，更是我们的人生导师，是我们身边最宝贵的生涯发展资源，对我们未来的规划很有启发性。请同学们利用课余时间完成亲子沟通信息卡。

亲子沟通信息卡

项目	我的想法及理由	父亲的建议或期待	母亲的建议或期待
社会实践活动			
希望就读的大学			
希望学习的专业			
希望达到的学历			
希望从事的专业			
其他			

第四模块

生涯决策

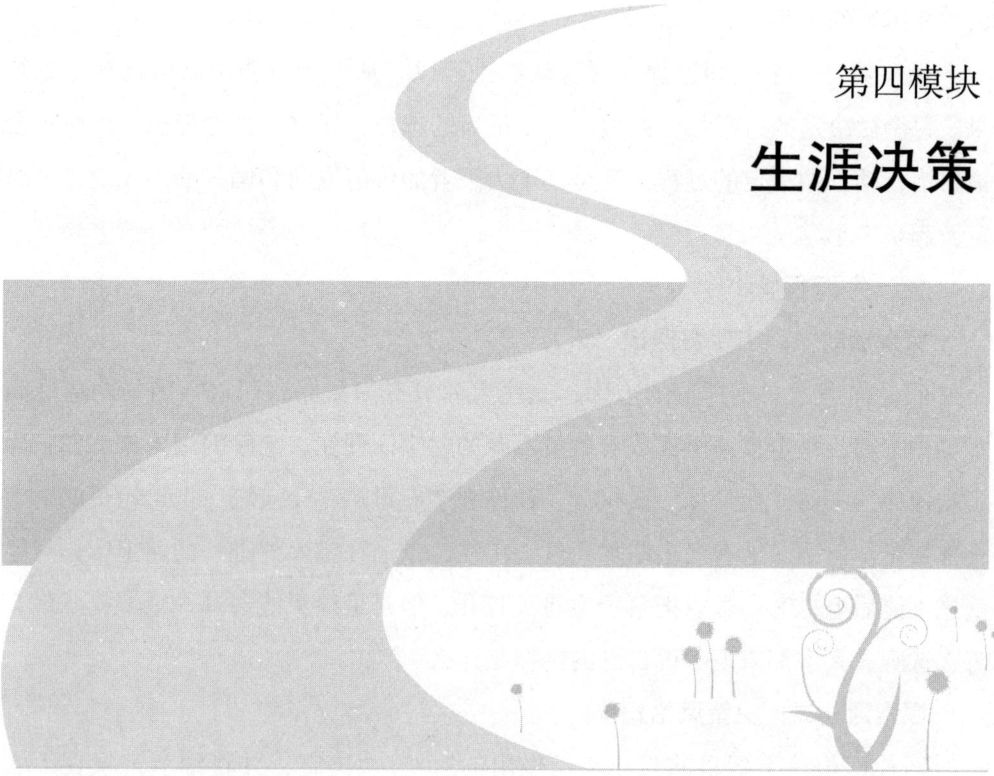

第14课 我的决策style

一、生涯预热

生活中我们时时都需要做决定：早上起床要不要多睡几分钟，早餐吃什么，搭什么交通工具上班，或者要不要换工作、是否考虑和约会对象迈向新的阶段等，这些数不清的或大或小的决定勾画了“我们是谁”，也从中诞生了被我们称为“命运”的东西。

做决策是一个认知过程，这种认知过程以“从多个可能中做出选择”为结果。每个做决定的过程都会产生出一个最后的选择，尽管这种选择也有可能不会被付诸行动。做决定的过程一定是基于决策者的价值取向和偏好的，无论这个决定看起来多小。

二、生涯探索

探索活动一：宝库奇遇记

假设你进入一座神秘的宝库，这座宝库只有一条路，而这条路的两边堆满了各种宝箱，每个宝箱里都放着数量不等的财宝。现在，宝库的主人告诉你，为了欢迎你的来访，他给你一次机会，让你去宝库里挑一个宝箱，把宝箱里的财宝全部带走。但是，他有两个附加条件：①在这条通往宝库的唯一的路上，你只能前进不能后退；②你可以把每个宝箱都打开，但是最终只能选择一个宝箱。你会怎么选呢，大家都来说一说自己的选择是什么。

探索活动二：决策风格扫描

请你回想一下到目前为止自己做出的3个重大决定，并将细节记录在下表中，然后仔细对比3个决定的决策风格是否一致。

决定对比图

项目	决定 1	决定 2	决定 3
当时的情境			
所有的选项			
做决定的方式			
最后做出的决定			
决定的结果及影响			

三、生涯拓展

每个人都有自己做决定的独特方式，这种习惯性的方式就叫做决策风格。研究者发现，决策风格可以分为3种基本类型。

1.理智型决策

以周全的探求、对选择的逻辑性评估为特征，具备深思熟虑、分析、逻辑的特性。这类决策者会评估决策的长期效用并以事实为基础做出决策。理智型决策风格是比较受到推崇的决策方式，强调综合全面地收集信息、理智地思考和冷静地分析判断，是其他决策风格的个体需要培养的一种良好的思考习惯。但理智型的决策风格也并不是理想的、完美的决策方式，即使采用系统的、逻辑的方式，也会出现因为害怕承担决策的后果而不能整合自己和他人重要观点的困扰。

2.直觉型决策

以依赖直觉和感觉为特征，比较关注内心的感受。直觉型的决策风格以自我判断为导向，在信息有限时能够快速做出决策，当发现错误时能迅速改变决策。由于以个人直觉而不是理性分析为基础，这类决策发生错误的可能性较大，因此，易造成决策不确定性，容易丧失对直觉型决策者的信心。

3.依赖型决策

以寻求他人的指导和建议为特征。不论是理智型决策还是直觉型决策，主要还是依靠自己做决定，而依赖型的决策者在做决定时要么依从别人的意愿和帮助要么完全从外部因素考虑（如风险、机会、随大溜），很少考虑不能承担责任的后果，很少考虑自己的想法。这类决策者允许他人参与决策并共同分享决策成果，会受到他人的正面评价，但也可能因为简单地模仿他人的行为导致负面的反应。依赖型的决策者需要理解生活中他人对自己的重要影响程度。

除此之外，还有一些更细致的划分，如花时间和精力在多个信息和选项中来回纠结的挣扎型、只考虑遇见的第一个选择而不考虑其他可能的冲动型、回避做决定的拖延型等。

决策风格的三类型

<table>
<tr><th>决策风格</th><th>核心特征</th><th>在选宝箱活动中的表现</th></tr>
<tr><td rowspan="2">理智型</td><td>以周全的探求和对选择的理性评估为特征</td><td>通过比较形成大概的标准后做出选择，如先观察到 1/2 的位置进行选择</td></tr>
<tr><td colspan="2">优点：信息较全面，决策较客观
缺点：需要的精力和时间较多，有可能延误时机</td></tr>
<tr><td rowspan="2">直觉型</td><td>以依赖直觉和感觉为特征</td><td>如果你问他为什么选这个，他一般会说“我感觉这个多”或“看到自己喜欢的箱子就拿了”</td></tr>
<tr><td colspan="2">优点：快速，潜意识中整合了一些信息和偏好
缺点：信息可能太少，决策偏差大</td></tr>
<tr><td rowspan="2">依赖型</td><td>以寻求他人的指导和建议为特征</td><td>会争取别人的意见，一般会说：“你觉得呢？”这个是最多的吗？”</td></tr>
<tr><td colspan="2">优点：对人际敏感，节省自己的资源
缺点：不敢、不愿承担责任，缺乏主动性</td></tr>
<tr><td rowspan="2">回避型</td><td>以试图回避做出决策为特征</td><td>因害怕失败、丢脸或后悔从而尽力延迟或拒绝选择，直到最后一刻</td></tr>
<tr><td colspan="2">优点：回避了焦虑和失败，有时可能确实不适合马上做决定
缺点：逃避了责任，有时是自欺欺人</td></tr>
<tr><td rowspan="2">自发型</td><td>以渴望尽快经历决策过程为特征</td><td>比较几个方案后就做出决定，快刀斩乱麻，讨厌拖延和犹豫，如抱起第一个箱子就走</td></tr>
<tr><td colspan="2">优点：很少犹豫不决，主动承担责任
缺点：决策后会拒绝新的信息</td></tr>
</table>

不同的人拥有不同的生理特性、人格特质，使得我们在面对决策时的风格千差万别。

1.生理因素会对决策有影响

神经科学研究发现，大脑的眼窝前额皮质（OFC）区域与做决定的过程密切相关。当OFC区域的神经活动较强时，我们会对决策有更强的信心；反之，决策时的信心也会减弱。有意思的是，实验还显示，当OFC区域受损时，我们的决策能力会下降，但事后不会对自己的决定和行为感到后悔。

2.人格特点影响决策风格

一系列研究证明，在决策时，不同的人格特质会做出不同风格的决定。比如，有实验研究内向和外向这两种人格特质在决策时的不同表现，结果发现外向者更多地会选择立刻得到较少的奖赏，而不是等待一段时间之后得到更多奖赏；而内向者则更多地选择了等待更长时间、换取更多回报。

四、生涯研习

每个人从出生到现在，在生涯发展过程中都经历了不少重要的事情，做出过许多对未来影响重大的决策，请回顾一下自己的生涯历程，把它画在你的生涯历程图上，并标出那些具有重要意义的决策事件，注明时间。如果你认为这个决策对你的生活有积极影响就画在坐标上面，如果有消极影响就画在下面，并挑选出一个你认为最重要的决策与大家分享。

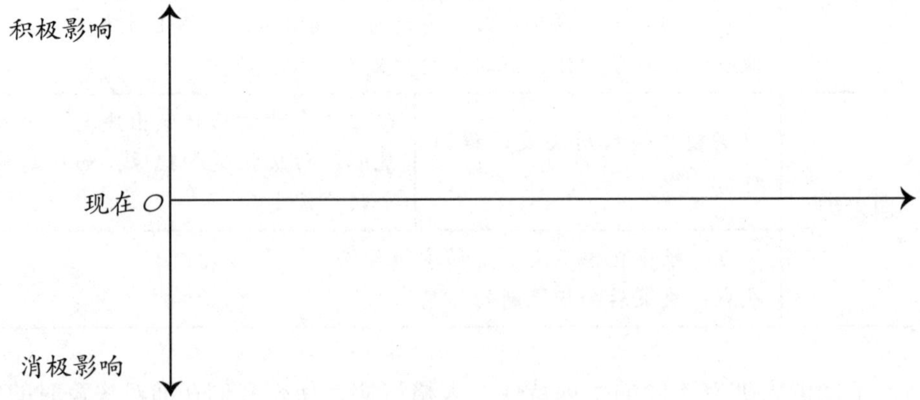

生涯历程图

1.你当时面临的选择有哪些？

2.你最终做出的选择是什么？当时的考虑有哪些？

3.决策花了多长时间，过程是怎样的？

4.你对这个决策的满意度是多少？（1～10分）这个决策对你的生涯发展有什么影响和启发？

第15课 决策与选科

一、生涯预热

新高考模式下，河北省考生首先要面临的就是科目的选择，在“3+2+1”的新高考模式下，考生可选择的组合共有12种。为了帮助大家解决选科难题，现对12种组合的优劣势及各学科对应专业做以下分析，供各位考生和家长参考。

“3+1+2”新高考模式具体是指考生总成绩由全国统一高考的语文、数学、外语3个科目成绩和考生选择的3科普通高中学业水平选择性考试科目成绩组成，满分为750分，即通常所说的“3+1+2”模式。

“3”：统一高考的语文、数学、外语3门科目，每科满分均为150分，总分450分，各科均以原始成绩计入考生总成绩；

“1”：在普通高中学业水平选择性考试中，考生在物理或历史中所选择的一门科目，满分为100分，以原始成绩计入考生总成绩；

“2”：在思想政治、地理、化学、生物四门科目中选择的两门科目，每科满分均为100分，以等级赋分成绩计入考生总成绩。

对同学们而言，选科的结果直接决定将来学业水平测试及高考考试科目的方向，是高中阶段一次非常重要的决策。究竟如何选择，站在十字街口，你是不是也被以下这些情况所困扰呢?

1.虽然自己目前这个科目的成绩不好，但是对它很有兴趣。

2.虽然自己对这个学科没什么感觉，但是很喜欢这科的老师。

3.虽然对物理不感兴趣，但是大家都说选它以后，高考可选择的大学和专业会比较多。

4.目前哪科成绩都不是很理想，找不到感兴趣的科目，听天由命吧。

5.父母倾向于让选择的科目，自己实在学不太明白。

6.同学们大多选了某个科目，自己是不是一起跟随。

……

新高考给了学生很大的选择权，高一学生在面临选择的幸福的同时也开启了纠结的烦恼，也许这就是所谓的“甜蜜的烦恼”吧。

二、生涯探索

平时在做一般的决策时，我们根据某些信息或者某些权威参考就可以做出决定，即使后来发现有问题，如果不是太大的事情，也可以对付着过去。但选组合问题则不同，它关乎以后的知识结构和大学及专业方向，毫不夸张地说，可以一定程度上决定自己未来的人生，所以组合选择不得不慎重。

那有没有一种能够帮助我们做出比较合理的决策的方式呢?

当然有，那就是“决策平衡单”方式。决策平衡单本来就是用于生涯规划时做出人生决策的一种重要方法，其实，可以推而广之，所有面对两种以上需要做出选择的困境时都可以拿来使用，而且很好用，是一种非常直观的能够帮助做出理性选择的方式。面对新高考“1+2”和“3”组合的选择，我们可以用这种决策方式列出“决策平衡单”，让选择在量化中得到精确的展示，从而帮助我们权衡利弊，在犹豫不决中找出理性的最佳方案。

决策平衡单的实施一般分为下面6个步骤。

第一步：罗列待选选项

将要做出选择的所有选项罗列出来，不管是“3+1+2”还是“3+3”，就是可选的6科：物理、历史、化学、生物、地理和政治。

第二步：详细罗列影响因子

尽可能列出所有能考虑到的会影响决策的影响因子。下面的表单中列出了20项你在选择学科时可能会考虑的因子，具体指向表后有详细说明。但因每个人具体情况不同，考虑的影响因子可能也不尽相同，你做决策时可以参考删减或增加。

第三步：分析考虑影响因子的权重

综合考虑各个影响因子对你的选择的影响程度，并给每个因子赋予一定的权重。影响因子对决策影响越大，你就赋予越高的权重。建议用1 ~ 10分来赋分。1分代表这个因子对你一点都不重要，10分代表这个因子对你特别重要。比如，你认为“考试成绩”这个因子对你决策影响最大，你就给它赋最高的权重；认为“学校资源”这个因子对你来说不是很重要，那么你就给它赋予较低的权重。

第四步：对照影响因子给学科打分

逐一评估这6个学科在每个因子上的得分，符合程度越高给分越高。同样用1～10分来评分。1分代表这个学科完全不符合这一个因子，10分代表这个学科完全符合这一个因子。比如，对于“考试成绩”这个因子，你的物理成绩非常好，那么就打10分；你的历史成绩一般般，那么就打5分或6分；化学成绩不太好，就打4分。成绩好坏最好以期中考试学科成绩相对年级平均分来确定：远远高于年级平均分，进入年级前20%应该都算好，进入年级前40%算比较好；和平均分差不多说明中等一般；低于平均分越多说明越不好。

第五步：计算加权分数

计算各学科在所有因子上的加权分数，其方法是各因子的原始分乘以权重。比如，物理学科在“考试成绩”上的得分是10分，而这个“考试成绩”因子的权重也是10，那么物理的加权数就是10×10=100。

第六步：计算加权总分，得出先后排序

这样就完成了一次理性决策。你根据先后排序物理和历史选什么会比较合理，其他四科哪两科排在前面选哪两科。

选出来后，可以回顾下是否和心里的预设一样，如果不一样是因为什么。你可以检查各个影响因子的权重，以及看看是否还有没有考虑的其他影响因子，这些加进去之后再做决策，看结果是否一样。

通过决策平衡单做出的决策相对就是理性的，若和你的总体设想差不多，那就是可以选择的了。但需要说明一点，也请家长和孩子都应该清楚的就是，所有的决策都是基于目前已知做出的最好选择，在以后的学习生活中要让决策仍然是最好的，则需要通过后期的努力。

决策平衡单

影响因子		权重	物理		历史		化学		生物		政治		地理	
			打分	加权分	打分	加权分	打分	加权分	打分	加权分	打分	加权分	打分	加权分
学习因素	考试成绩													
	学习兴趣													
	人文思维													
	逻辑思维													
	记忆思维													
	学科作业													
	学科态度													
职业倾向	目标专业													
	目标大学													
	职业方向													
	就业前景													

续表

影响因子		权重	物理		历史		化学		生物		政治		地理	
			打分	加权分	打分	加权分	打分	加权分	打分	加权分	打分	加权分	打分	加权分
个性因子	兴趣爱好													
	性格特质													
	价值观													
	能力													
家校因子	父母期望													
	老师建议													
	学校资源													
家族因子	家族学科倾向													
	家族就业资源													
加权总分														
排序														

三、生涯拓展

选科的时候，很容易踏入以下误区，同学们一定要留意。

误区1：性别歧视

许多同学及家长会有“男选理，女选文”等先入为主的观念，其实性别在学科能力上的差异并不明显。比如，硬要男生选理科、女生选文科的做法已不合时宜。能否在科目上有所成就，更多地取决于个人的努力程度。

误区2：跟风

有很多同学喜欢跟风、随大溜，看班级同学选什么多就选什么科目。每个人的能力与兴趣都有所不同，盲目附和只会对自己有百害而无一利。

误区3：仅凭成绩确定

一门课程成绩的高低受多种因素影响，不能单单凭某一时期某一门成绩的好坏就断然做出选择。

误区4：仅凭兴趣

同成绩一样，兴趣是一项重要指标，但也仅仅是一项指标。囿于学生的人生经历，自身的兴趣还没有完全表现出来，现在的兴趣可能是表层的而非本质的。

误区5：理工类学生就业前景一定好

未来的就业趋势很难预测，读文科和读理科的学生在将来的社会发展中都有着广阔的前景，当然作为个体也都存在就业上的风险。大学教育的宗旨在于提高学生的综合素质，让你的接受力更强，以后的前途还是要靠你自己的实力去打拼。

误区6：理科不需要背书

化学、生物学的知识点非常多，物理要记忆的公式也很多。而相对于理科，文科也不仅仅是背书那么简单。理科要求的综合能力比较高，需要在牢固掌握基础知识之后总结、概括、提炼，需要较强的分析问题能力和较广的知识面。

总的来说，这些误区有一个共同点，那就是通常只从一个角度来考虑选科。然而，任何选择都是受到众多因子影响的，如果在选择时忽略这一点，那么你的选择带来的有可能就是痛苦和遗憾了。

四、生涯研习

通过选科平衡单，你是否选出了排名前三的学科呢？看看你选择的结果，回答以下问题。

1.你的选科平衡单中，有多少个影响因子？这些因子与其他同学的影响因子有哪些异同？你是否有所遗漏？

2.你对不同因子的重要性评定，有没有哪些是你非常肯定而哪些是你不太确定的？

3.最终选出来的3个学科和你期望的学科结果一样吗？如果不一样，是哪些因子导致的？

第16课 转动生涯平衡轮

一、生涯预热

“请你告诉我，我该走哪条路？”爱丽丝说。

“那要看你想去哪里。”猫说。

“去哪儿无所谓。”爱丽丝说。

“那么走哪条路也就无所谓了。”猫说。

这是《爱丽丝漫游奇境记》的爱丽丝面对的选择，现实中的我们是怎样的情况呢？

生活在瞬息万变的世界，我们很快陷入生活的旋涡，为了自己或他人埋头苦干，很多时候已经忘记什么才是最重要的事情。比如，曾经的梦想、人生的目标，等等。

时间是公平的，每个人都有24小时，一分不多，一秒不少。人与人的差距就在于工作、睡觉之外的时间里你选择做什么。

在某所大学的毕业典礼上，可口可乐的总裁说了一段有关工作与生活中其他事物间的关系的话：把生活当成比赛，你必须同时丢接五个球，这五个球分别是工作、家庭、健康、朋友以及精神生活，然而你不可让任何一个球落地。你很快就会发现工作是一个橡皮球，如果它掉下来，它会再弹回去，而其他四个球——家庭、健康、朋友以及精神生活是玻璃制成的，如果你让这四个球中的任何一个落下来，它们会磨损、受损，甚至会粉碎，而一旦落下，它们将不再和以前一样。

你必须知道这些事并在生活中设法求得平衡，但具体要怎么做呢？

二、生涯探索

平衡轮是个很好的工具，它可以让我们看清生命的全貌，了解现状，设定可达成的目标，并且可以制订行动计划，减去现在与未来之间的落差。

平衡轮又叫生命之花，是一个生涯教练工具。将一个圆平均分成八个部分，分别代表个人成长、价值、事业、财富、健康、家庭、休闲娱乐、朋友与重要的人八个重要的人生维度。

平衡是动态的，所以它是一个过程，需要一定的时间，但到底需要多长时间要根据具体情况再具体分析。

我们要用长远的眼光来对平衡进行评估，不能急于求成，建议不定时期做不同的平衡技能，一定时期后再次做，这样更有效。

也许有人说，目标这么多，能达成吗？人生并不会因为追求的目标多而感到窘迫，反而会更从容，因为人生原本就是多维立体的，各方面相互影响并促进我们的未来朝更好的方向发展。

下面请跟我来，一起绘制你的生命之花吧。

第一步：画一朵空白的花

在一张白纸上，先画上一个圈，然后是一个交叉的*X*、*Y*轴，再加两条斜线，画面变成了8个等分的花瓣，一空白的生命之花就出现了。

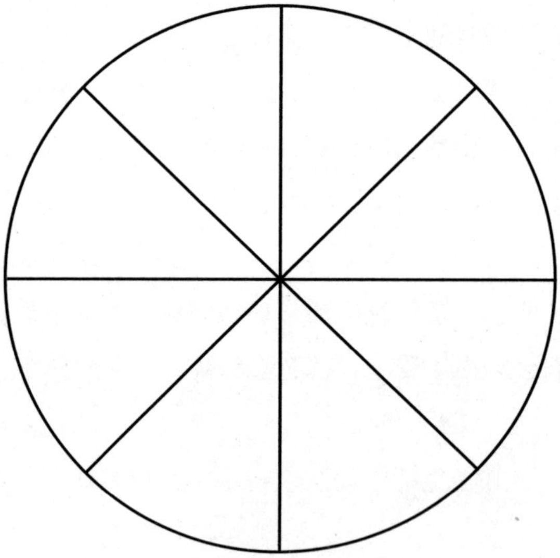

绘制生命之花

第二步：填上生命平衡与幸福最重要的八项内容

1.事业——与职业发展相关。

2.财富——财务方面。

3.健康——身体、心理健康。

4.休闲娱乐——喜欢且能获得能量。

5.家庭——自己的家庭/父母的家庭。

6.朋友和重要的人——不是亲人，胜似亲人。

7.个人成长——知识、能力、眼界、心灵的成长。

8.价值——能发挥你的天赋，实现你价值的事（也许与工作无关）。

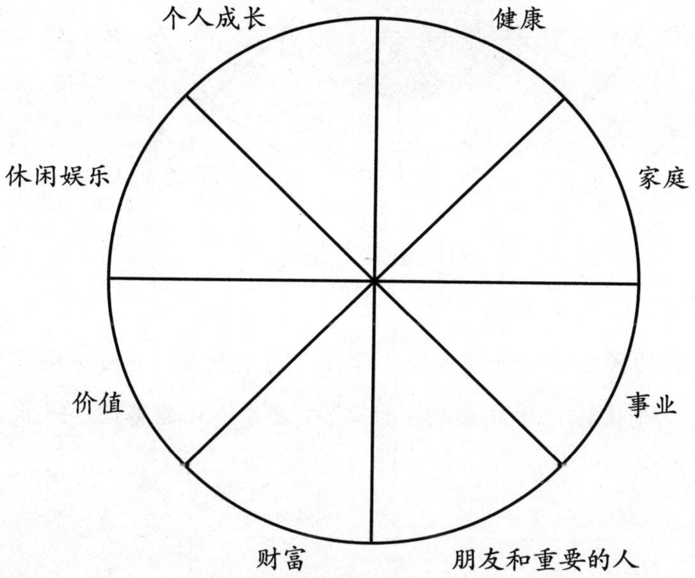

完善生命之花

第三步：确定目标与现实的差距

在平衡轮的中线上画出0～10的刻度，先问自己目前在什么样的位置，给自己一个分数，然后再问自己希望在5年或10年后处在什么位置，再给自己一个分数。看看分数的差距，找出自己认为最需要改进的目标（重要性），然后问自己打算做什么。

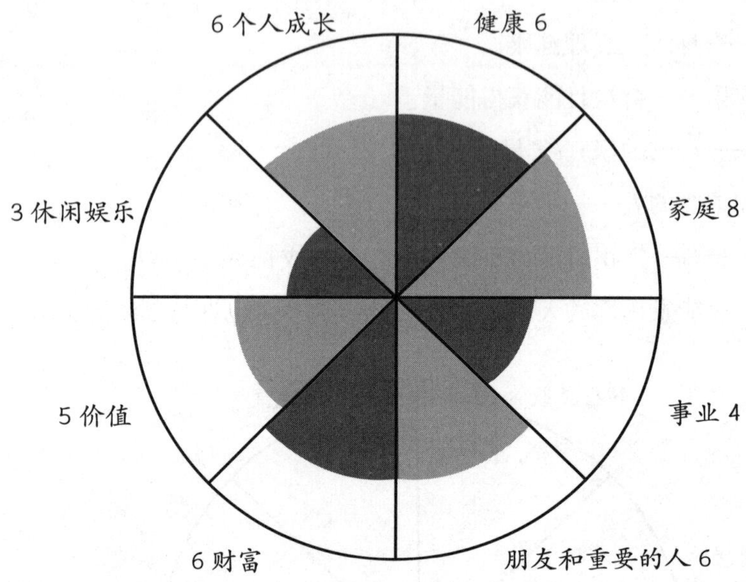

对比生命之花

1.结合你目前的现状给每个领域打几分呢？（1分最差，10分最满意。10分是你的目标状态）从平衡轮中你注意到了什么？（这里不是想象的，是视觉的，直接从平衡轮中看到的）

____

____

____

2.你想马上处理哪个领域？有什么样的改变该领域会变成满分？你做些什么这些改变才会出现？

____

____

____

3.你的行动计划是什么？你什么时候开始行动？你行动计划的第一步是什么？

____

____

____

第四步：行动计划，要事先行

统计你的全部目标的现状值与理想值，按照对你来讲的重要程度排序，并写出你的行动计划以及完成的时间。

到现在为止，你应该有个非常清晰的目标了。最重要的是行动，行动是治愈一切的良药。最后，在制作目标的时候：不要认为你应该与其他人做比较，因为每个人都不同，每个人都是独特的；不要将别人视为重要的事定为自己要达成的目标，只有你自己知道自己需要什么。

三、生涯拓展

当你希望自己幸福的时候，就会通过协调各角色之间及角色投入比重的关系来达成自己的目标。不同的人会看重不同角色及角色投入的比重，比如，有人特别追求事业的成功，那么在工作者角色上他就会投入更多的精力，减少其他角色的投入；还有人既想要做好工作者的角色，也想照顾好家庭，还要好好满足自己的需要，那么他可能就会均匀地分配自己的时间和精力。

在选择之前，我们先看看我们的人生到底有多少种可能，至少有以下4种。

1. 生涯高度

这个维度的终极价值是影响力与权力。生涯高度意味着向上发展，与更强的人接触，进入更大的平台，掌握更高、更大、更强的资源，最大限度地影响世界。生涯高度意味着一个人在社会中能达到和掌握的地位、权力与影响力。

在选择生涯高度的同时，你也选择了高处不胜寒，选择了孤独与竞争。越往上走，能站住的人越少，而为了上到顶峰你必须放弃很多，你可能没法陪伴家人，可能没法与朋友同行，可能缺失自由。

2. 生涯深度

这个维度的终极价值是卓越与智慧。生涯深度指的是人们在思想、智慧、艺术与体能上达到的卓越与精进程度。

生涯深度的挖掘使你的方向越来越聚焦，也越来越极致，但视野也越来越狭窄。追寻深度的生涯选择面很小，一旦选择，唯一的突破方式就是前行，做到极致。

3. 生涯宽度

这个维度的终极价值是爱与和谐。生涯宽度是指我们能够打开和做好人生中多少个不同的角色，让它们丰富又相互平衡。

追寻宽度的好处是温暖与安全，你在一个地方失意，马上可以在另外一个地方获得支持。但是也有一些弊端，如角色太多样化、工作面太大，而精力总是有限度的，在每一个角色中都需要投入，所以追寻宽度的人容易给自己太多的责任，耗尽心力。

4. 生涯温度

这个维度的终极价值是自由。生涯温度指的是我们对生命的热度，我们对生活有多大的热爱与激情，就能多大程度地活出自己本来的面目。生命温度的追寻者们渴求自由，探索内在世界，追寻真实鲜活的生命态度，寻找存在的意义与使命。

追寻温度可以被自由与激情环绕，活得绚烂多姿，但过于自我，不容易有稳定的关系和安全感，而且因为太过挥霍生命，容易过早自燃殆尽。

生涯四度中，高度和深度是外显而可测的，而宽度和温度是内隐而难以量化的。越是生涯价值低的人，往往越渴求外在的维度表达；而总体价值越高的人，则越寻求整体维度的平衡。

四、生涯研习

古人云："吾日三省吾身：为人谋而不忠乎？与朋友交而不信乎？传不习乎？"时刻提醒自己，我们要时刻回顾自己的经历，反思自己有哪些成长，又有哪些不足。其实，对于每天的日常行为，我们也应该有规划和思考，可以利用“清晨六问”和“静夜六思”两张卡片，每天练习填写，每天进步一点点。

清晨六问卡

序号	内容	反思
1	今天的小目标是什么	
2	今天的核心大目标是什么	
3	今天最重要的三件事是什么	
4	今天准备学习哪些新内容	
5	今天准备在哪些方面进步一点点	
6	今天如何让自己幸福快乐一些	

静夜六思卡

序号	内容	反思
1	今天是否完成了小目标	
2	今天是否更接近大目标	
3	今天又学到了什么	
4	今天在哪些方面做得不够完美	
5	如何改进才能更好	
6	明天的目标是什么	

第五模块

生涯发展

第17课 情绪空调

一、生涯预热

"今天，你过得怎么样？"

我们每天都会经历和感受许多情绪，比如，早上被迫起床时的不情愿、背单词顺畅时的骄傲、品尝美味早餐时的开心、上课没听懂时的困惑、写作业感到正在努力的踏实感、和朋友聊天开玩笑时的舒服悠闲等。情绪就这么自然而然地产生，并且贯穿在我们每一天的生活中。你是否思考过，自己一天中都出现过哪些情绪呢？这些情绪又如何影响自己的学习和生活呢？

进入高中后，随着一次次考试的增加，距离高考越来越近，你有时会感到压力重重，有时会感到气馁，有时会感到很有希望、信心满满……掌握有效的情绪调节策略，可以帮助我们更好地管理情绪、做情绪的主人，从而掌控自己的生涯发展方向。

二、生涯探索

探索活动一：情绪清单

请回忆进入高中以来，你自己经历过哪些情绪感受，并在下表中将它们圈出来。如果你有一些体验过的情绪没有出现在下列表单中，可以补充在最后一行。

情绪清单

开心	有兴趣	惊奇	激动	兴奋
疲累	倦怠	焦虑	紧张	懊悔
羞愧	自责	难过	愤怒	抑郁
害怕	困惑	挫败	迷茫	失望
烦躁	没意思	没信心	担心	埋怨他人
平静	踏实	有信心	好奇	充满动力
嫉妒	厌倦			

上面表单中列出的是比较容易出现的情绪。如果你也曾经或正在经历这些情绪，如难过或者挫败，不要担心，这些情况在高中阶段很常见，并不是只有你一个人正在经历这些情绪。下面，我们来对自己的情绪进行更深入的探索。

1.选出你出现频率最高的5种情绪，将它们写下来________________________

____

____

分析这5种情绪，其中积极的有_____种，消极的有_____种。

2.请你回忆，什么事引发了你的积极情绪，什么事引发了你的消极情绪，以及积极情绪和消极情绪对自己的影响。之后和你的同桌互相分享。

________________________________事情引发了我的消极情绪，这个消极情绪是________________________________，对我的影响是____。________________________________事情引发了我的积极情绪，这个积极情绪是________________________________，对我的影响是____。

探索活动二：情绪对话

没有不好的情绪，只有不被接纳的情绪。对自己的情绪保持敏感，和情绪进行对话，对情绪的接纳本身就具有疗愈功能。

比如，当焦虑出现时，你可以这样对它说："你好，焦虑情绪。当你出现的时候，我感觉到有些不知所措，有点儿紧张，我的动作会变得有些僵硬，还会感到有些烦躁，想要快点做完手上的事情。我知道你的出现是因为我想要自己做得更好，谢谢你的提醒，我知道了，现在，请你离开吧，我已经可以做得更好了。"

当其他情绪出现时，你也可以这么做。首先，识别出这是什么情绪。然后，认真感受一下这种情绪给你带来的心理及身体感受。最后，明确这种情绪产生的原因，请这种情绪离开。

下面一起来练习一下。

请你针对一种希望它离开的情绪（如果现在没有的话，可以回忆之前的），完成下面的对话练习："你好，________情绪。当你出现的时候，我感受到________________。我知道你的出现是因为__________________________________，谢谢你的提醒，我知道了，现在，请你离开吧，我已经可以做得更好了。"

三、生涯拓展

生涯三叶草是古典老师在2011年创立的，这是一个关于人如何自我修炼的工具模型，即情绪管理的工具模型。三叶草模型是从识别自己的情绪开始，对厌倦、焦虑、失落3种情绪要有细微的体察，对自身的状态去感受、去细细觉察。情绪是改变的开始，而觉察是改变的过程。那如何通过自己出现的情绪来判断遇到的障碍呢？

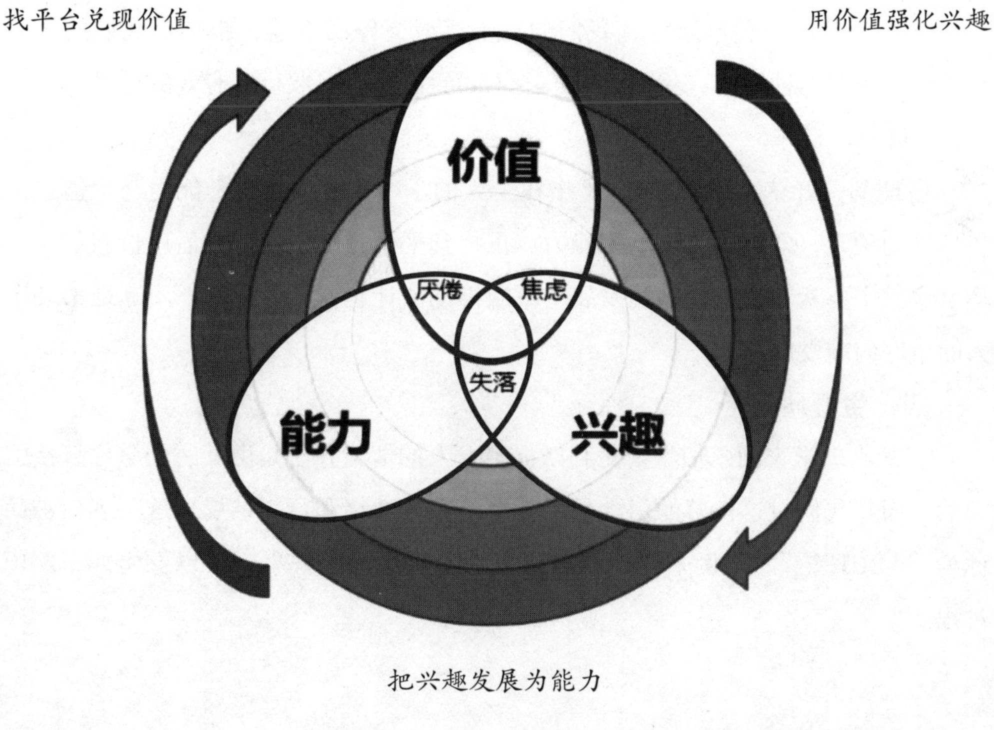

三叶草模型

如果有的人对所从事的事情有能力也能体现价值，但是不感兴趣，那么厌倦情绪由此产生。具体来讲，就是学生具备学好知识的能力，但是对所学知识或者是学科不感兴趣，那么就会产生厌倦情绪。厌倦情绪存在时间过长，会使得学生不知接下来应该如何应对，自然会对未来产生迷茫。

如果有的人对从事的事情有极大的兴趣且能得到自己看重的回报，但是缺少能力，焦虑感就产生了。具体来讲，就是学生对学习有兴趣，并且自己的价值观可以得到满足，但就是学习的能力达不到，总想取得更好的成绩，却不知道如何达到，那么焦虑情绪自然就产生了。

如果有的人具备能力同时也对从事的事情感兴趣，但是得不到自己看重的回报，失落情绪由此产生。具体来讲，就是学生对学习既有兴趣又具备学好的能力，但就是自己追寻的价值得不到满足，如想要被认可却总是受到老师和家长的批评，于是就会产生失落情绪。

当出现其中一种情绪时，我们的三叶草就会停滞不前，影响到我们的学习和生活。应对三种情绪，我们可以采用不同的策略，采取行之有效的行动，使我们的三叶草转起来。

所谓的三叶草“转起来”，是指在个人的学习生涯中兴趣、能力与价值这三者的推动关系，即把兴趣发展为能力，再找到平台兑现价值，然后用价值强化兴趣。这三个要素在个人的生涯发展中不断推动，让它们转动起来，不断地推动个人的生涯向前发展。

四、生涯研习

美国心理学家阿尔伯特·艾利斯提出，人的情绪并不是由某一个事件直接引起的，而是我们对这件事的信念最后导致了某种情绪和行为结果，这一理论被简称为“ABC理论”。举例来说，就考试成绩不理想这一件事，可以发生如下ABC过程。

事件A	考试成绩不理想
信念B	一定是因为我太笨了，就算认真学了也学不会
结果C	对自己感到失望

如果我们改变信念，同样的事就会带来不同的情绪结果，如下面的ABC过程。

事件A	考试成绩不理想
信念B	这次考试正好考中了我的知识盲区，是给我机会补上漏洞，避免下次犯同样的错误
结果C	情绪平和且动力十足，迅速采取行动弥补漏洞

这个过程其实时时刻刻都在发生，但很多时候我们并没有意识到，这些信念自动化地出现在大脑中，影响着我们的情绪。现在，请回忆一下之前你感到情绪不佳的时刻（事件是什么，信念是什么，导致的情绪又是什么），把它写下来。然后想想看，在这个事件里，你可以替换为怎样的想法，使自己拥有积极的情绪呢？

事件A		
信念B	原有信念：	替换信念：
结果C	原有情绪：	替换情绪：

第18课 时间银行

一、生涯预热

世界上有一家奇怪的银行，它给每个人都开了个账户，每天都往大家的账户上存入同样数目的资金，要求当天用完，不准将余额记账，不准预支和超支，如果用不完第二天就自行作废。请问，这家银行每天给我们存入的到底是什么？答案是时间。

步入高中阶段的你，有没有想过，是不是高中阶段就意味着上不完的课程、做不完的卷子、看不完的参考书？是不是除了学习就没有时间考虑别的了？是不是只要将时间大把地用来学习就对了？虽然很多同学的想法都是如此，但你是否静下心来想想：是不是每节课都真的有收获？是不是每次自习都确实在进步？时间的使用方式，到底是有助于自己更好地调配精力，还是仅仅是时间上的更大浪费？你看上去的勤奋是有计划有效果的，还是只不过在盲目地弥补效率的低下，用战术上的勤奋掩盖战略上的懒惰？

投入大量时间和得到良好结果之间并没有现成的等号，它们中间还隔着好的方法。我们需要认真思考和计划如何高效利用时间，在自己的现状与想要达成的目标之间寻找一条有效路径。

二、生涯探索

探索活动一：时间管理自我评价

请根据自己平时的真实情况，认真完成下表。

时间管理自我评价量表

题目	非常符合	部分符合	不太符合	极不符合
我没有做读书报告的习惯，做什么事情依心情而定				
我的学习环境杂乱无章				

续表

题目	非常符合	部分符合	不太符合	极不符合
我习惯在精神状态不佳的时候做功课				
我容易被外面的事物诱惑干扰而分心				
我精神不振，可能是睡眠不足、节食不当或其他原因造成的				
我习惯长时间学习，忽略休息时间的安排				
我事情很多，有些纯粹是浪费时间				
我做事没有设定最后完成期限的习惯				
我花太多时间在不是最优先处理的事情上				
我总是先做我喜欢但不重要的事				
我没有善于利用零碎时间的习惯				
我会做读书计划，但往往因很难彻底执行而中途放弃				
我总是无法拒绝别人的请求，常在做计划之外的事				
我总认为还有时间，想说再等一下好了				
我不习惯寻求帮助，总是花许多时间自我摸索				

总分：__________

计分："非常符合"计4分，"部分符合"计3分，"不太符合"计2分，"极不符合"计1分，将每项分数累加即为总分。得分越高说明你的时间管理能力越需要提高。

探索活动二：重要VS紧急

事情的"重要性"（与未来生涯的关联程度）是我们进行时间管理时要考虑的一个核心维度，但不是唯一的维度。除了重要性之外，事情的"紧急性"也是我们分配时间时应该考虑的一个因素。所谓的紧急程度就是离事情必须完成的截止时间的远近。

通过这两个维度，我们就可以把要做的事情进一步地细分为下面 4 个不同的象限：重要且紧急，重要但不紧急，不重要但紧急，以及不重要且不紧急的事情。

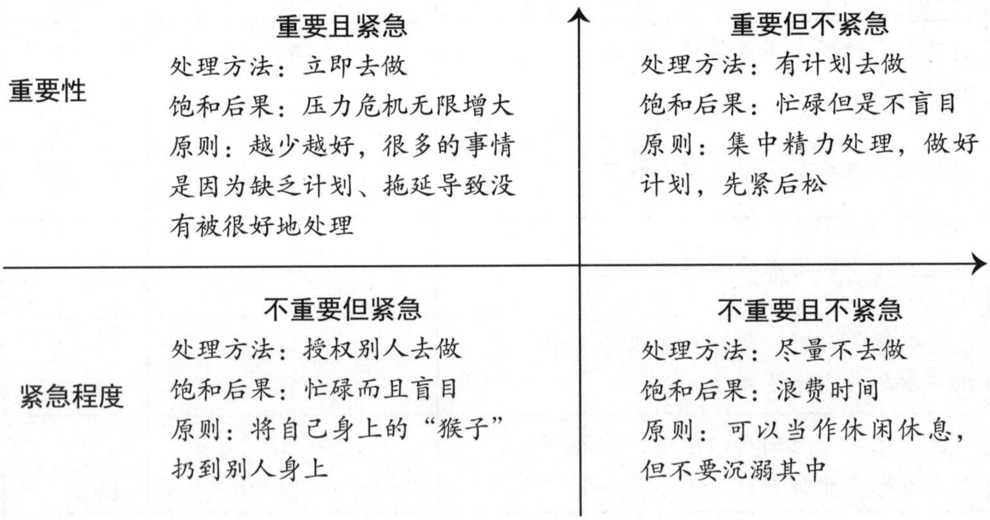

重要和紧急形成的四个象限之间，常常会造成时间管理上的冲突——究竟是先做重要的事情，还是应该选择紧急的事情呢?

1.罗列出自己想要做的所有事情，尽可能多地写，直到想不出来为止。

2.将列出的各项活动进一步分配到这四个象限中，它们分别处于哪个象限？

3.在“重要且紧急”和“重要但不紧急”两个类别中，要先做哪一个？为什么？

4.如何处理“不重要但紧急”和“不重要且不紧急”的事情？

三、生涯拓展

时间管理的第一原则就是要事优先。那么，我们在何为要事、如何优先上要如何判断呢？秘诀就是按照目标排序规划时间。什么对你来说是重要的，只有你自己才能判断，并没有统一的标准。当你不知道什么对你更重要时，就要好好思考清楚这个问题，我到底要什么？当这个问题清晰明了了，什么是要事，什么事要优先的问题，也就豁然开朗了。

例如，成绩进步、社团干部表现称职、常常陪伴好友聊天3个目标皆属重要的目标，3个目标都会耗费许多时间，必须决定其先后顺序。如果成绩不好会被撤换社团干部，好朋友最近考试没考好、心情低落，不陪他可能会想不开，你会怎么选择其优先级呢？

如果你的目标排序是成绩提升第一，人际关系其次，最后是社团锻炼机会，当然你的时间规划就会随之调整。比如，1天可以自由运用的时间有5小时，那么其中3小时学习、1小时陪伴好友、1小时处理生活琐事；每3天去社团1次，这样的规划就是最符合你的目标顺序的。

有的人过得很不幸福、很纠结，就是因为他在做事上的主次顺序和他内心重要性排序不一致。比如，明明觉得成绩更重要，却在游戏上投入大把时间；明明知道健康第一，却一直熬夜伤害身体。如果你通过自省发现你也有这种不一致，就要及时做调整，只有你的努力和你的目标一致的时候，你才是一个不纠结的、幸福而投入的人。

四、生涯研习

紧张有限的时间里，同学们需要不断地检视自己的时间使用情况，记流水账的方法可以让我们的时间管理和行动管理能力日益提升。

时间流水账

____月____日 星期____

时间	活动内容
6：10-6：45	背英文单词10个
6：50-7：10	早餐
……	……
……	……

客观地记录自己的时间流水账，可以清晰地看到时间都用来做什么了。这是我们分析的事实依据和觉察基础。这样的记录持续1周后，我们就可以总结一下成果了。

一周记录整理

放学后、睡觉前有多少自由运用的时间	分钟
交通往返	
用餐、洗澡	
打电话、上网、聊天	
和家人联络感情	
读书	
写作业	
做家务或打扫卫生	
其他	

总结一下：

1.所有的生活事项所花费的时间共计_____小时_____分钟。

2.与可运用的时间相比的比例是_____。

3.一天中你的精神状况最佳的时段为_________。

4.记录了一周的时间，你的发现是_________________________________。

5.时间安排应该调整的是____。

分析一下，时间使用是否符合我们前面提到的那些要点，是否把最高效的时间段用来做最重要的事，是否做到了要事优先？是否比例适当？是否保证了休息和劳逸结合？学习的效率还满意吗？学习够专注吗？有没有拿出一些时间来和他人交流以提升自己？

分析了自己的时间使用现状，找到问题所在，相应地培养好习惯。我们的计划越清晰，就越容易养成自律的好习惯。下面，我们就来制定一份新的每日时间计划表，帮助我们安排好每天的时间。

__________（姓名）的每日时间计划表

时间	活动内容

第19课 人际管理

一、生涯预热

从心理学的角度看，第一印象是在对其他人一无所知的情况下获得的，因此嵌入大脑的程度也较深，并且它对今后输入的关于此人的信息将产生不可忽视的影响。这个心理现象又称为“首因效应”。下面12个问题可以使你知道自己是否善于运用首因效应，从而迅速建立良好的人际关系。

请做下面的测试，选择每题最适合你的答案。

1.当你第一次见到某个人，你的表情是（　　　　）。

A.热情诚恳、自然大方　　B.局促紧张、羞怯不安

C.大大咧咧、漫不经心

2.你与他人谈话时的坐姿通常是（　　　　）。

A.两膝靠拢　　B.跷起二郎腿

C.两腿叉开

3.你选择的交谈话题是（　　　　）。

A.对方感兴趣的　　B.两个人都喜欢的

C.自己热衷的

4.与人初次会面，经过一番交谈后，你能对对方的谈吐举止、知识能力等方面做出准确的评价吗（　　　　）

A.可以　　B.很难说

C.不可以

5.你说话时姿态是否丰富（　　　　）

A.从不指手画脚　　B.偶尔做些手势

C.常用姿势补充言语表达

6.若别人谈到了你兴趣索然的话题，你将（　　　　）。

A.仍然认真听，从中寻找乐趣　　B.沉默，忍耐

C.打断对方，另起话题

7.你是否在寒暄之后，很快就能找到双方共同感兴趣的话题？(　　　　)

A.是的，对此我很敏锐　　　　B.必须经过较长一段时间才能找到

C.我觉得这很难

8.你和别人告别时，下次见面的约会地点是(　　　　)。

A.我建议的　　　　B.对方提出的

C.谁也没提这事

9.你讲话的速度怎么样(　　　　)

A.节奏适中　　　　B.十分缓慢

C.非常快

10.你同对方谈话时，眼睛看着何处(　　　　)

A.直视对方眼睛　　　　B.盯着自己的纽扣，不停地玩弄

C.看着其他人或东西

11.会面时你说话的音量总是(　　　　)。

A.柔和而低沉　　　　B.很低，以致别人听清较困难

C.高亢热情

12.通常第一次交谈，你们占用的时间分别是(　　　　)。

A.多数时间我在倾听　　　　B.差不多

C.我总是滔滔不绝

计分标准：选择A得5分，选择B得3分，选择C得1分。

总分：_____

12~22分：第一印象较差

也许你会感到吃惊，因为你很可能只是依自己的习惯行事而已。你本来很愿意给别人留下一个美好的印象，可是你的漫不经心、缺乏体贴或言语无趣无形中却让对方做出对你的错误勾勒。你必须记住交往是种艺术，而艺术是不能不修

边幅的。

23～46分：第一印象一般

你的表现中存在着某些令人愉快的成分，但同时又有不够精彩之处，这使得别人不会对你的印象恶劣，却也不会感到你有很强的吸引力。如果你希望提高自己的魅力，首先必须从心理上重视，努力在“交锋”的第一回合中展示出自己的最佳形象。

47～60分：第一印象良好

你的适度、温和、合作给第一次见到你的人留下了深刻的印象，无论对方是你工作范围还是私人生活中的接触者，他们无疑都有与你进一步接触的愿望。

二、生涯探索

探索活动：我的人脉银行记录单

积极的人际关系网络会给我们的学习、生活带来很大的帮助。从现在开始，从亲人、朋友以及认识的人开始，逐步建立自己的专属人脉网络，这是建立你的人脉银行的第一步。

我的专属人脉网络

姓名	关系	联系方式	职业	工作单位	优点	缺点	你对 TA 的评价
1							
2							
3							
4							
……							

想要得到，必须先付出。对人脉进行划分后，要根据不同人脉群体的不同特点进行公开管理。有些人脉需要通过感情维持关系，有些需要通过共同完成某些事来培养默契，有些需要通过拓展其他人脉来产生价值，每个人都应该培养一套积累人脉的方式。

对照你的人脉网格，请回答下面问题。

1.你喜欢与怎样的人交往？

2.你觉得别人喜欢和你交往吗？

3.你和别人交往时是如何表现的？

4.你觉得自己在交往过程中还有什么可以改进的地方吗？

三、生涯拓展

印象管理是指一个人通过一定的方式影响别人形成的对自己印象的过程，即一个人进行自我形象控制，通过一定的方法去影响别人对自己的印象，使别人形成的有关自己的印象符合自己期望的过程。人们想要完成良好的社会适应，就必须在必要的时候进行有效的印象管理。

以下介绍一些有效的自我管理策略。

1.保持良好的外在形象

在与他人会面尤其是初次见面时，对自己的外貌、穿着打扮都应该加以注意，需要进行准备和修饰，切不可随随便便、邋里邋遢地前往赴约。整洁的外貌会向人传达“我尊重你”“我很重视我们的会面”这样的信息，有助于建立良好的第一印象。

2.有效利用“多看效应”

你有没有发现，日常生活中那些你常见的、熟悉的事物比较容易为人们所接受？这种对越熟悉的东西就越喜欢的现象，心理学上称为“多看效应”。

在人际交往中，如果你细心观察就会发现，那些人缘很好的同学往往将“多看效应”发挥得淋漓尽致：积极参加各种各样的活动，时常出现在大家的面前，让同学们很快就认识并记住他们。如果你想要增强你的人际吸引力，那么提高自己在别人面前的熟悉度尤为重要，因为这样可以增加别人对你的喜爱程度。

3.奇妙的SOLER模式

S（straight）表示“坐或站要面对别人”。

O（open）表示“姿势要自然开放”。

L（lean）表示“身体微微前倾”。

E（eye）表示“目光接触”。

R（relax）表示“放松”。

这五者加起来会给人一个“我很尊重你、我对你感兴趣、我内心是接纳你的、我和你交往很舒适”的轻松、良好的印象。在人际交往过程中，管理好第一印象只是我们的第一步，更重要的是人际关系的处理。

每个人都不能孤立地存在，都要与他人发生这样和那样的联系，人际交往是一种无处不在并时刻发生的社会现象。良好的人际关系是今后事业发展和人生幸福的基石。

四、生涯研习

社会网络也就是俗称的“关系网”。每个人都有自己的社会网络，生涯发展的方向和速度都受其影响。你的社会网络是你的重要生涯资源。为了更清楚地了解你的社会网络对你的个人生涯发展的支持情况，请完成下面的社会支持量表。

社会支持量表

类型	项目	得分（0～10分）
实质性支持	支付学费和生活费	
	提供各种学习用品	
	照顾我的日常起居	
	当我遇到困难时，为我提供帮助	
	关于未来的发展，为我提供建议	
	指导我的学习	
	为我提供关于大学和职业的信息	
	提供机会扩展我的眼界和人际网络	
情感性支持	鼓励我自己做决定	
	认可我的选择	
	理解我的感受和处境	
	鼓励我克服困难、追求成功	
	帮助我每天保持乐观和开心	
	当我成功时，给我赞赏	
	当我失败时，给我安慰	
	愿意花时间陪我	

1.请汇总一下你的社会支持得分，其中：

实质性支持得分：____________

情感性支持得分：____________

2.为了更直观、更全面地了解社会支持情况，请完成下面的柱状图。

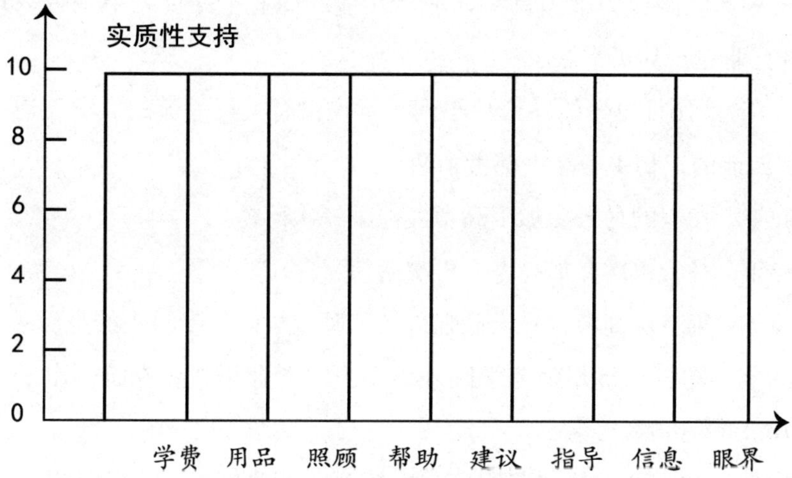

实质性支持的情况盘点

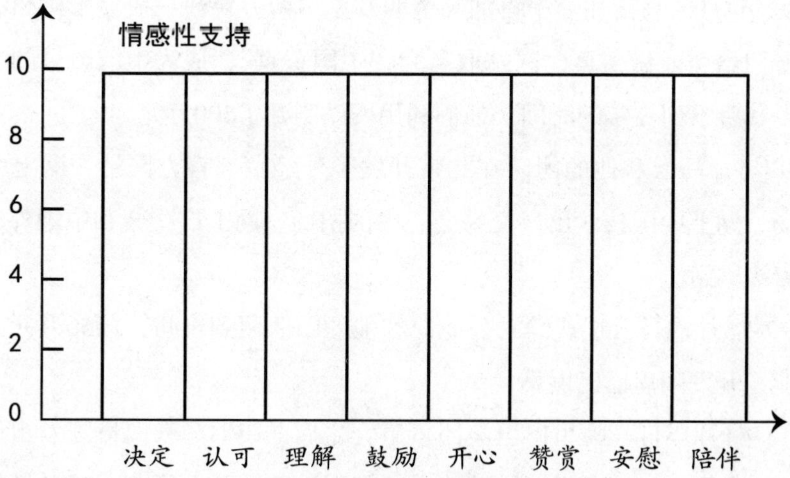

情感性支持的情况盘点

第20课 变化中的生涯

一、生涯预热

生涯规划是一成不变的吗?

成功人士的人生都是完全规划好的吗?

马云靠互联网成为中国首富，那么在他的职业生涯规划中是否一开始的目标就是IT行业呢？其实不然。

1964年9月10日出生的马云从小到大不仅没有上过一流的大学，连小学、中学都是三四流的，初中考高中都考了两次。

1982年，18岁的马云参加了高考，他第一次落榜。

1983年，马云再次参加高考，再次落榜。

1984年，第三次高考，马云勉强被杭州师范学院以专科生的身份录取。

1988年，马云从杭州师范学院外语系英语专业毕业，在杭州电子工学院任英文及国际贸易讲师。

1995年年初，他偶然去美国，首次接触了互联网，对电脑一窍不通的马云在朋友的帮助和介绍下开始认识互联网。

1995年4月，马云和妻子再加一个朋友凑了两万块钱，成立了杭州海博网络公司，专门给企业做主页，网站取名为“中国黄页”，成为中国最早的互联网公司之一。其后不到 3 年的时间，他们利用网站赚到了500万元。

1997年，马云和他的团队在北京开发了外经贸部官方网站、网上中国商品交易市场、网上中国技术出口交易会、中国招商、网上广交会和中国外经贸等一系列国家级网站。

1999年3月，马云正式辞去公职，和他的团队回到杭州，以50万元开始了新一轮创业，开发阿里巴巴网站。

2013年1月15日，阿里巴巴集团董事会主席兼CEO马云向员工发出信件，宣布于2013年5月10日起不再担任阿里巴巴集团CEO一职，将全力以赴做好阿里巴巴集团董事局主席全职工作。

2013年5月28日，阿里巴巴集团联合银泰集团，复星集团，富春集团，顺丰集团，中通、圆通、申通、韵达等多家民营快递企业，在深圳联合成立菜鸟网络科技有限公司。马云卸任阿里巴巴集团CEO职位后，再度出山组建物流网络平台并担任菜鸟网络科技有限公司的董事长。

2019年9月10日在阿里巴巴20周年之际，马云宣布将不再担任集团董事局主席。

……

在这个不确定的时代，人人都需要练就以不变应万变的能力。通过马云的职业生涯履历，我们不难看出，生涯规划不是一成不变的，是个人主动自觉地根据社会发展变化需求寻找自己的发展、设计自己未来的发展，且根据变化做出相应调整。

生涯之学即应变之学，面对不确定的因素，如何才能冷静面对、积极改变呢?

二、生涯探索

探索活动一：生活事件墙

我们在生活中常常遇到出乎意料、不受控制的事情。比如，着急赶路偏偏遇到堵车，认真复习却碰上特别不擅长的题型，急需某份资料却怎么也找不到，等等。遇到这些事情的时候，你会有什么样的感受呢？你会采取什么样的行动呢？现在请你发挥想象，写出未来在你的人生进程中可能或者必然会发生的但结果可能有好有坏的6件事，把它们写在下面的事件墙上。

请注意，不要写出这些事件的结果，只描述事情本身即可。比如，“期中考试”不要写“期中考试不如意”。你也可以将想象放得长远一些，不一定只局限于高中，大学生活、求职、工作、恋爱、结婚、生子、身体健康等都是可以考虑的内容，这些事情只需要在未来有可能发生即可。

生活事件墙

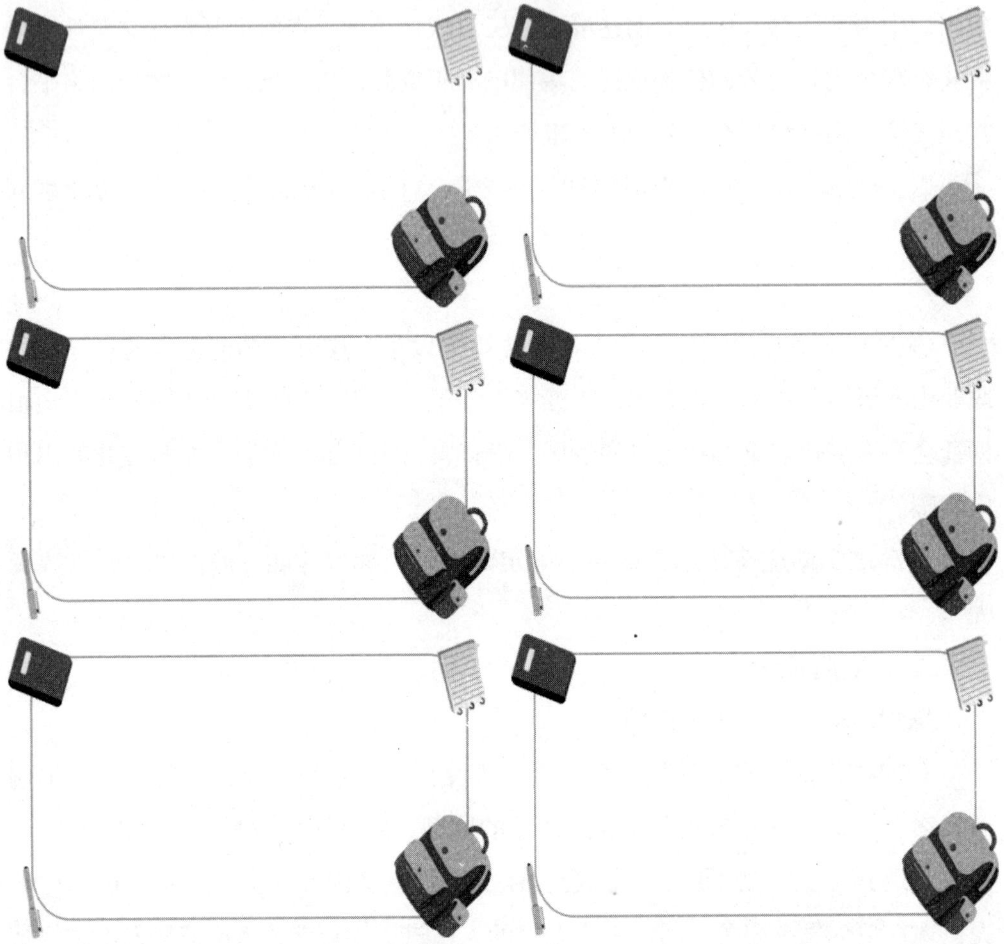

1.现在请你猜测，这些事情中有多少是积极的结果，多少是消极的结果？六件事中有几件是积极的结果，几件是消极的结果？

2.面对这种情况，你对自己的人生有什么样的感受？写完后与其他同学分享。

____

____

____

探索活动二：目标修订卡

目标如灯塔，照亮前行的路。如果你发现自己的目标迟迟没有进展，就需要反思这个目标是否合理、是否需要调整和修订，就需要根据自身的经历和学习总结与探索可以帮助自己应对变化及时调整的方法并不断实践练习。请列出生活中的一些目标和变化，并将修订好的行动方案和应对策略填写在表格中。

目标修订卡

维度		修订前	修订后
学习目标	目标		
	行动方案		
生活目标	目标		
	行动方案		

三、生涯拓展

CASVE循环是一种生涯规划决策技术。在变幻莫测的时代，面临未来可能出现的状态，如何理性决策应对变化，了解和学习CASVE循环，可以帮助同学们提高应变和决策的能力。

CASVE循环包括5个阶段：沟通、分析、综合、评估和执行，CASVE就是这5个词的英文单词首字母，它可以在整个职业生涯问题解决和决策制定过程中为你提供指导。

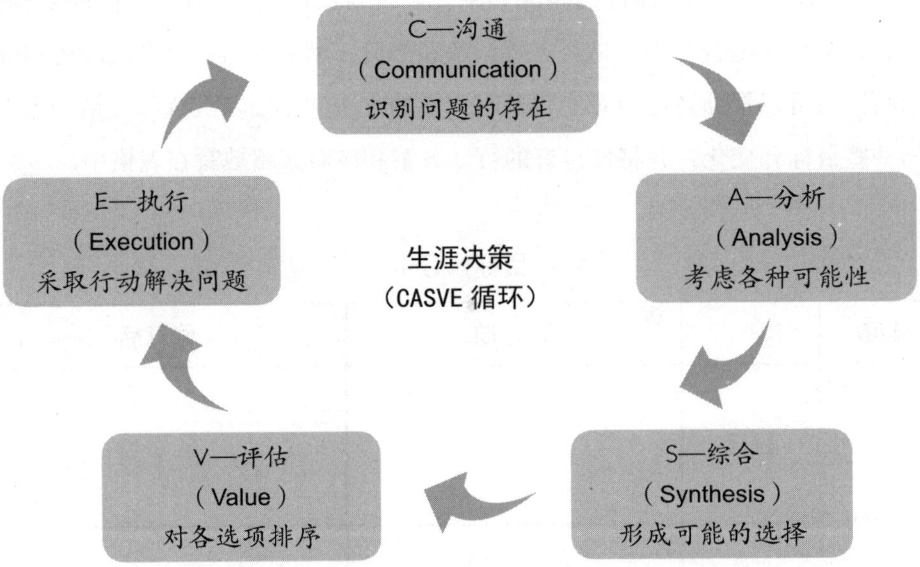

CASVE 循环的具体使用

1. 沟通

在这个阶段，我们收到了关于理想与现实之间存在差距的信息。这些信息可能通过内部或外部交流途径传达给我们：内部沟通包括情绪信号（如不满、厌烦、焦虑和失望）、身体信号（如昏昏欲睡、头痛、胃部疾病等）；外部沟通包括父母对你的规划的询问、朋友对你的评价等。这是意识到自己需要做出选择的阶段。在这个阶段，我们通过各种感官和思考充分接触问题，发觉存在不容忽视的差距。比如，你原来的理想大学的提档线和你目前学习成绩的差距。

2. 分析

在这个阶段，问题解决者需要花时间去观察、思考、研究，从而更充分地了解差距，了解自己有效地做出反应的能力。好的生涯决策者会避免用冲动行事来减少在沟通阶段所体验的压力或痛苦，因为他们知道这是无效的。他们清楚，要了解自己的哪些方面、了解环境的哪些方面、需要做些什么才能解决问题，还要了解为什么我有这样的感受、家人会怎么看待我的选择等问题。这是了解我自己和我的各种选择的阶段。在这一阶段，生涯问题解决者通常会提升自我认识，不断了解外部世界和家庭需要。

3. 综合

主要指综合和加工上一阶段提供的信息，从而制订消除差距的行动方案。其核心任务是，确定我可以做什么来解决问题。这是一个先扩大、后缩小选择清单的过程。首先，尽可能多地找到消除差距的方法，发散地思考每一种办法，甚至采用“头脑风暴”进行创造性思维。其次，缩小有效方法的数量，通常缩减到3～5个选项，因为这是我们头脑中最有效的记忆和工作容量的数目。

4. 评估

评估阶段将选择职业、工作或大学专业。

第一步是评估每一种选择对生涯决策者和他人的影响。例如，如果选择了提前批的大学志愿填报，这一选择将会给自己、父母等重要他人带来什么影响？每一种选择都要从对自己和对他人的代价和益处两方面进行评价，并综合物质上和精神上的因素。

第二步是对综合阶段得出的选项进行排序。将能够最好的消除差距的选项排在第1位，次好的排第2位，以此类推。此时，决策者会选出一个最佳选项，并且做出承诺去实施这一选择。

5. 执行

这是实施选择的阶段，把思考转换为行动。很多人都觉得在执行阶段制订行动计划是令人兴奋的、有价值的，因为他们终于可以开始采取积极行动去解决问题了。

6. 再循环

CASVE循环是一个不断重复的过程。在执行阶段之后，生涯决策者又回到沟通阶段，以确定已经选取的选择是不是最好的，是否能最有效地消除理想与现实间的差距。

最后，CASVE决策技术是用系统的方法思考这5个步骤，能够提供一个有用的工具，使你成为一个更有效率的人。

四、生涯研习

面对变化和不确定时，积极地自我调节，不仅能够缓解变化带来的紧张焦虑的体验，还能够在变化中再遇新机。积极的自我调节可以分为心态调整、寻求支持和多手准备三方面。

请想一想，自己当前是否也正在面对一些不确定的事件呢？选择一件事，根据以上自我调节的方法提示，为自己制作一个应对变化的锦囊，将你认为可行的锦囊妙计填在下图中。

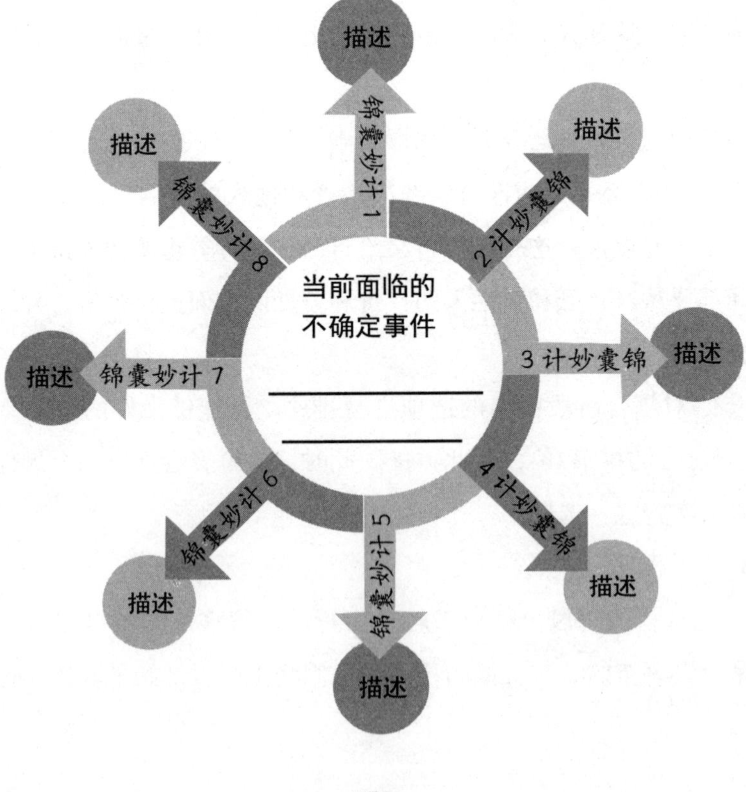

当你完成锦囊的填写后，可以和同学、老师家长进行沟通，征求他们的意见，看看是否会发现其他的妙计也可以加入其中。

第六模块

生涯足迹

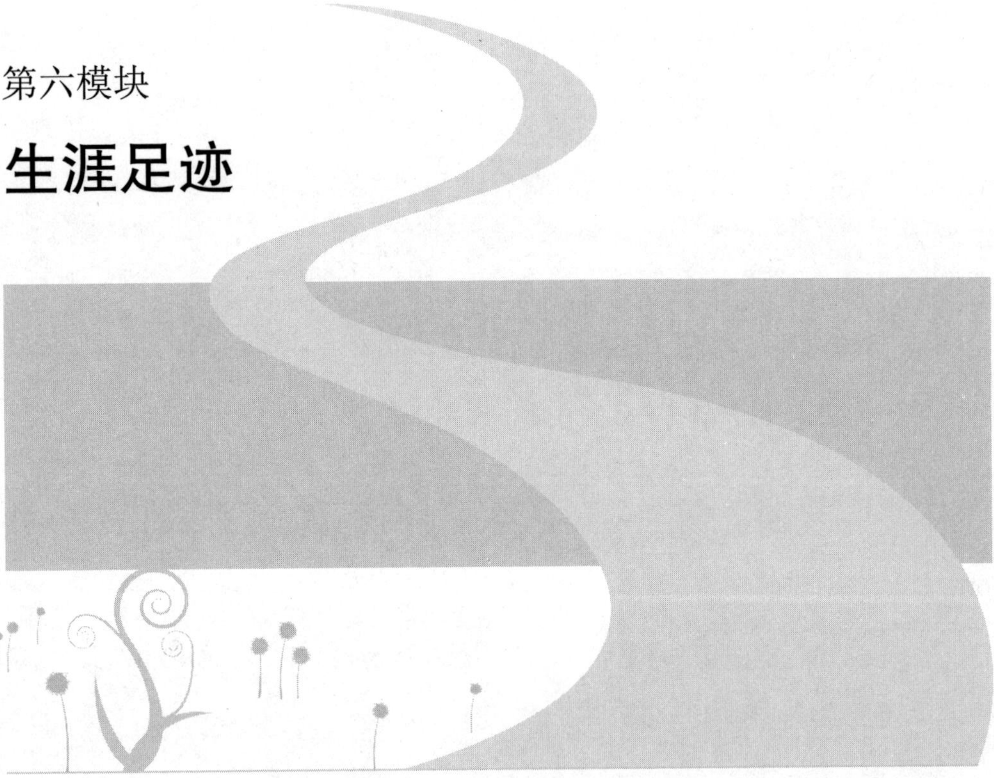

第21课 生涯规划书

有规划的人生叫蓝图，没规划的人生叫拼图。和难忘的初中生活告别，同学们带着憧憬和希望，开启丰富多彩的高中生活，这又是一段全新的旅程，别样的校园、新鲜的面孔、崭新的课程。在这人生发展的重要阶段，同学们打算如何规划自己的高中旅程呢？让我们带着好奇与美好的愿望，一起来规划我们的高中生涯吧。

当然，生涯规划并不是一张写满梦想并按部就班去实现的规划书，随着外界环境的变迁、自身素质的变化、新的选择和机遇的出现等情况的发生，只有原有的规划做出调整，才能适应不断变化的自己。所以请同学们按照各年级段完成自己的生涯规划书，并在每学年结束时对自己的规划书进行评估和复盘，对下一年的规划书进行再次修订和调整，让自己在变化的生涯规划中积极成长。

高一年级生涯规划书

填 写 人：

填写日期：

现在的我	我喜欢（兴趣）	
	我擅长（能力）	
	我重视（价值观）	
对现阶段的自己，我想说：		
家人对我未来的期待		
我想对家人说：		
未来的理想专业	我感兴趣的专业	
	经过了解，这个专业的信息如下	
	选择这个专业的原因是	
对未来就读这一专业的自己，我想说：		
未来的理想大学	我感兴趣的大学	
	经过了解，这所大学的信息如下	
	选择这所大学的原因是	
对未来就读这一大学的自己，我想说：		
我的升学路径		
对于这样的升学路径，高一的我要做的准备是：		

续表

<table>
<tr><td rowspan="6">具体目标</td><td colspan="2">学业成绩（分学期说明）</td></tr>
<tr><td colspan="2">校内经验（班委、社团等）</td></tr>
<tr><td colspan="2">探索活动（体验活动、研学活动等）</td></tr>
<tr><td colspan="2">竞赛活动</td></tr>
<tr><td colspan="2">社会实践</td></tr>
<tr><td colspan="2">其他目标</td></tr>
<tr><td colspan="3">对于以上规划，我想说：</td></tr>
<tr><td rowspan="3">师长综合意见</td><td>家长意见</td><td>签字</td></tr>
<tr><td>生涯导师意见</td><td>签字</td></tr>
<tr><td>班主任意见</td><td>签字</td></tr>
</table>

高二年级生涯规划书

填 写 人：

填写日期：

<table>
<tr><td rowspan="3">现在的我</td><td>我喜欢（兴趣是否有调整）</td></tr>
<tr><td>我擅长（能力是否有变化）</td></tr>
<tr><td>我重视（价值观是否有改变）</td></tr>
<tr><td colspan="2">对现阶段的自己，我想说：</td></tr>
<tr><td>家人对我未来的期待</td><td></td></tr>
<tr><td colspan="2">我想对家人说：</td></tr>
<tr><td rowspan="3">未来的理想专业</td><td>我感兴趣的专业（是否有调整）</td></tr>
<tr><td>经过了解，这个专业的信息如下</td></tr>
<tr><td>选择这个专业的原因是</td></tr>
<tr><td colspan="2">对未来就读这一专业的自己，我想说：</td></tr>
<tr><td rowspan="3">未来的理想大学</td><td>我感兴趣的大学</td></tr>
<tr><td>经过了解，这所大学的信息如下</td></tr>
<tr><td>选择这所大学的原因是</td></tr>
<tr><td colspan="2">对未来就读这一大学的自己，我想说：</td></tr>
<tr><td>我的升学路径</td><td></td></tr>
<tr><td colspan="2">对于这样的升学路径，高二的我要做的准备是：</td></tr>
</table>

续表

具体目标	学业成绩（分学期说明）	
	校内经验（班委、社团等）	
	探索活动（体验活动、研学活动等）	
	竞赛活动	
	社会实践	
	其他目标	
对于以上规划，我想说：		
师长综合意见	家长意见	签字
	生涯导师意见	签字
	班主任意见	签字

高三年级生涯规划书

填 写 人：

填写日期：

<table>
<tr><td rowspan="3">现在的我</td><td>我喜欢（兴趣是否有调整）</td></tr>
<tr><td>我擅长（能力是否有变化）</td></tr>
<tr><td>我重视（价值观是否有改变）</td></tr>
<tr><td colspan="2">对现阶段的自己，我想说：</td></tr>
<tr><td>家人对我未来的期待</td><td></td></tr>
<tr><td colspan="2">我想对家人说：</td></tr>
<tr><td rowspan="3">未来的理想专业</td><td>我感兴趣的专业（是否有调整）</td></tr>
<tr><td>经过了解，这个专业的信息如下</td></tr>
<tr><td>选择这个专业的原因是</td></tr>
<tr><td colspan="2">对未来就读这一专业的自己，我想说：</td></tr>
<tr><td rowspan="3">未来的理想大学</td><td>我感兴趣的大学</td></tr>
<tr><td>经过了解，这所大学的信息如下</td></tr>
<tr><td>选择这所大学的原因是</td></tr>
<tr><td colspan="2">对未来就读这一大学的自己，我想说：</td></tr>
<tr><td>我的升学路径</td><td></td></tr>
<tr><td colspan="2">对于这样的升学路径，高三的我要做的准备是：</td></tr>
</table>

续表

具体目标	学业成绩（分学期说明）	
	校内经验（班委、社团等）	
	探索活动（体验活动、研学活动等）	
	竞赛活动	
	社会实践	
	其他目标	
对于以上规划，我想说：		
师长综合意见	家长意见	签字
	生涯导师意见	签字
	班主任意见	签字

第22课 生涯人物访谈

三百六十行，行行出状元。各行各业都有很多杰出人物。比如，大家熟悉的教育培训界巨头新东方俞敏洪，电商界的马云、刘强东，通信领域巨头、华为公司创始人任正非……这些行业领军人物经常见诸新闻、报刊，他们的奋斗历程很多同学也比较熟悉。我们不便与各行各业知名人物进行面对面的交流，但是我们可以采访身边熟悉的人，如爸爸、妈妈、亲属以及他们的朋友，他们是我们身边鲜活的生涯人物。通过了解职场的从业人员，我们可以获得很多关于职业的信息，如职业的具体工作内容、不同职业所需具备的特质和能力、不同职业的报酬、不同职业的发展前景等。

请在高中阶段完成至少3位生涯人物的访谈，并详细记录和梳理访谈的过程及内容。希望通过生涯访谈的实践活动，你能从中获取更多相关职业信息，更真切地了解一些职业领域的特点和人才需求，从而帮助自己更好地规划未来职业。

生涯人物访谈记录1

访谈地点：

访谈时间：

访 谈 人：

基本信息	姓名		性别		年龄	
	职位		职务		工作年限	年
	毕业院校		就读专业		最高学历	
	工作单位		所属行业			
	单位所属性质	①国企②外企③民企④政府机关⑤事业单位⑥其他				
	访谈方式	①面谈②电话③ QQ ④电子邮件⑤其他				
访谈内容	薪资待遇					
	工作内容					
	面临问题					
	发展前景					
	从事该职业应具备的知识、技能和经验					
	何种个性品质、性格对此工作是重要有帮助的					
	行业要求从事此工作应具备什么样的教育背景					

续表

访谈内容	了解相关职业杂志、网站或其他信息渠道推荐	
访谈感受		

生涯人物访谈记录2

访谈地点：

访谈时间：

访 谈 人：

<table>
<tr><td rowspan="6">基本信息</td><td>姓名</td><td></td><td>性别</td><td></td><td>年龄</td><td></td></tr>
<tr><td>职位</td><td></td><td>职务</td><td></td><td>工作年限</td><td>年</td></tr>
<tr><td>毕业院校</td><td></td><td>就读专业</td><td></td><td>最高学历</td><td></td></tr>
<tr><td>工作单位</td><td></td><td>所属行业</td><td colspan="3"></td></tr>
<tr><td>单位所属性质</td><td colspan="5">①国企②外企③民企④政府机关⑤事业单位⑥其他</td></tr>
<tr><td>访谈方式</td><td colspan="5">①面谈②电话③ QQ ④电子邮件⑤其他</td></tr>
<tr><td rowspan="7">访谈内容</td><td>薪资待遇</td><td colspan="5"></td></tr>
<tr><td>工作内容</td><td colspan="5"></td></tr>
<tr><td>面临问题</td><td colspan="5"></td></tr>
<tr><td>发展前景</td><td colspan="5"></td></tr>
<tr><td>从事该职业应具备的知识、技能和经验</td><td colspan="5"></td></tr>
<tr><td>何种个性品质、性格对此工作是重要有帮助的</td><td colspan="5"></td></tr>
<tr><td>行业要求从事此工作应具备什么样的教育背景</td><td colspan="5"></td></tr>
</table>

续表

访谈内容	了解相关职业杂志、网站或其他信息渠道推荐	
访谈感受		

生涯人物访谈记录3

访谈地点：

访谈时间：

访 谈 人：

<table>
<tr><td rowspan="6">基本信息</td><td>姓名</td><td></td><td>性别</td><td></td><td>年龄</td><td></td></tr>
<tr><td>职位</td><td></td><td>职务</td><td></td><td>工作年限</td><td>年</td></tr>
<tr><td>毕业院校</td><td></td><td>就读专业</td><td></td><td>最高学历</td><td></td></tr>
<tr><td>工作单位</td><td></td><td>所属行业</td><td colspan="3"></td></tr>
<tr><td>单位所属性质</td><td colspan="5">①国企②外企③民企④政府机关⑤事业单位⑥其他</td></tr>
<tr><td>访谈方式</td><td colspan="5">①面谈②电话③ QQ ④电子邮件⑤其他</td></tr>
<tr><td rowspan="7">访谈内容</td><td>薪资待遇</td><td colspan="5"></td></tr>
<tr><td>工作内容</td><td colspan="5"></td></tr>
<tr><td>面临问题</td><td colspan="5"></td></tr>
<tr><td>发展前景</td><td colspan="5"></td></tr>
<tr><td>从事该职业应具备的知识、技能和经验</td><td colspan="5"></td></tr>
<tr><td>何种个性品质、性格对此工作是重要有帮助的</td><td colspan="5"></td></tr>
<tr><td>行业要求从事此工作应具备什么样的教育背景</td><td colspan="5"></td></tr>
</table>

续表

访谈内容	了解相关职业杂志、网站或其他信息渠道推荐	
访谈感受		

第23课　理想大学调研

知己知彼，方能百战不殆。选择一所和自己志趣、性格、能力相匹配的大学是一个严肃而又重要的决定。只有对大学有了深入了解，才能清楚什么样的大学才是真正适合自己的。真正了解一所大学，需要从学校的历史沿革、专业特色、校风校训、就业情况、师资力量、办学类型、办学层次以及所在地域等维度来全面了解。同学们可以通过登录学校官方网站、教育部阳光招考平台或比较大的门户网站教育频道多方位收集学校信息，也可以实地走访考察一下理想大学的校园文化和人文气息。

请在高中阶段完成至少3所大学基本情况的调研，并详细记录和整理相关信息，从而对自己理想中的大学进行深入了解。

大学调研表1

调 研 人：

调研时间：

高校名称		所在城市	
主管部门		办学类型	
办学层次		校风校训	
学校历史			
师资力量			
特色专业			
就业情况			
近三年录取分数及位次	1. 2. 3.		
进入这所大学的信心指数	☆☆☆☆☆		
我和大学有个合影	（照片粘贴处）		

大学调研表2

调 研 人：

调研时间：

高校名称		所在城市	
主管部门		办学类型	
办学层次		校风校训	
学校历史			
师资力量			
特色专业			
就业情况			
近三年录取分数及位次	1. 2. 3.		
进入这所大学的信心指数	☆☆☆☆☆		
我和大学有个合影	（照片粘贴处）		

大学调研表3

调 研 人：

调研时间：

高校名称		所在城市	
主管部门		办学类型	
办学层次		校风校训	
学校历史			
师资力量			
特色专业			
就业情况			
近三年录取分数及位次	1. 2. 3.		
进入这所大学的信心指数	☆☆☆☆☆		
我和大学有个合影	（照片粘贴处）		

第24课 社会职业初体验

纸上得来终觉浅，绝知此事要躬行。古人的谆谆教导我们要学以致用，必须在实践中去锻炼自己、成长自己。我们对于职业有了一定程度的了解，但是只有真正去企业、职场亲身体验、实践才能有更多的收获，才能真正将我们的所学应用于实际，从而让自己对生涯规划有更加深刻的理解。

请在高中阶段完成至少3种职业类型的实践体验活动，并详细记录和整理相关活动信息，从而了解更多相关职业的真实模样。

职业体验记录表1

体验时间：

记 录 人：

活动前准备	企业名称	
	企业信息	
	需要到企业做的事情	
	联系负责人	
	实践时间	
活动中记录	职业导师	
	实践过程	
	实践收获	
	实践影像	（相关照片或票据粘贴处）
活动后总结	活动总结	
	下一步计划	

职业体验记录表2

体验时间：

记 录 人：

活动前准备	企业名称	
	企业信息	
	需要到企业做的事情	
	联系负责人	
	实践时间	
活动中记录	职业导师	
	实践过程	
	实践收获	
	实践影像	（相关照片或票据粘贴处）
活动后总结	活动总结	
	下一步计划	

职业体验记录表3

体验时间：

记 录 人：

<table>
<tr><td rowspan="5">活动前准备</td><td>企业名称</td><td></td></tr>
<tr><td>企业信息</td><td></td></tr>
<tr><td>需要到企业做的事情</td><td></td></tr>
<tr><td>联系负责人</td><td></td></tr>
<tr><td>实践时间</td><td></td></tr>
<tr><td rowspan="4">活动中记录</td><td>职业导师</td><td></td></tr>
<tr><td>实践过程</td><td></td></tr>
<tr><td>实践收获</td><td></td></tr>
<tr><td>实践影像</td><td>（相关照片或票据粘贴处）</td></tr>
<tr><td rowspan="2">活动后总结</td><td>活动总结</td><td></td></tr>
<tr><td>下一步计划</td><td></td></tr>
</table>

综合素质评价是对高中学生全面发展状况的观察、记录、分析，是发现和培养学生良好个性的重要手段，能够帮助同学们更好地认识自我、规划人生，是深入推进素质教育的一项重要制度。同时，伴随着新高考改革的落地，综合素质评价也成为高校录取学生的重要参考依据。综合素质评价包含了同学们学习生活的各个层面，更是为同学们规划自己高中生活提供了明确的方向，需要同学们高度重视。

请你对自己高中三年的综合素质发展情况随时进行记录，记录自己高中成长过程中参与的各项活动的点点滴滴。随时参与，随时记录，相信高三毕业时，一张高中综合素质履历表上呈现的将是你曾经的丰富多彩的高中生活。

高中综合素质履历表

<table>
<tr><td colspan="2" rowspan="3">基本信息</td><td>姓名</td><td></td><td>性别</td><td></td><td>出生年月</td><td></td></tr>
<tr><td>所在学校</td><td colspan="5"></td></tr>
<tr><td>所学科目</td><td colspan="5"></td></tr>
<tr><td colspan="2" rowspan="2">年级</td><td colspan="2">高一年级</td><td colspan="2">高二年级</td><td colspan="2">高三年级</td></tr>
<tr><td>参与活动</td><td>时间跨度或频率</td><td>参与活动</td><td>时间跨度或频率</td><td>参与活动</td><td>时间跨度或频率</td></tr>
<tr><td rowspan="3">项目</td><td>党团活动</td><td></td><td></td><td></td><td></td><td></td><td></td></tr>
<tr><td>社团活动</td><td></td><td></td><td></td><td></td><td></td><td></td></tr>
<tr><td>公益活动</td><td></td><td></td><td></td><td></td><td></td><td></td></tr>
</table>

续表1

项目	志愿服务						
	选修课						
	研究性学习						
	身体状况与运动						
	艺术品鉴与表演						
	社会调查与参观学习						
	实习与勤工俭学						
	其他						
	荣誉与奖励						

续表2

项目	荣誉墙	（荣誉奖励的相关图片粘贴处）

参考文献

[1] 金树人.生涯咨询与辅导 [M] .北京：高等教育出版社，2007.

[2] 侯志瑾.高中生涯发展指导·高一年级 [M].北京：北京师范大学出版社，2018.

[3] 侯志瑾.高中生涯发展指导·高二年级 [M].北京：北京师范大学出版社，2018.

[4] 侯志瑾.高中生涯发展指导·高三年级 [M].北京：北京师范大学出版社，2018.

[5] 田园.新生涯中学生涯规划指导 [M] .北京：新华出版社，2018.

[6] 蔡晓东.高中生涯规划 [M] .北京：北京师范大学出版社，2015.

[7] 侯志瑾，常雪亮.团体的力量：学生生涯团体辅导手册 [M] .北京：清华大学出版社，2017.

[8] 林甲针，陈如优.高中生职业生涯规划与班级团体辅导 [M] .福州：福建教育出版社，2015.

[9] 李萍.唤醒生涯：生命成长视域下的生涯教育 [M] .北京：机械工业出版社，2020.

[10] 伍新春，倪竞.生涯教育（高一）[M] .北京：清华大学出版社，2019.

图书在版编目（CIP）数据

衡中生涯发展指导手册 / 王建勇，王丽娜主编．-- 北京：人民日报出版社，2021.12

ISBN 978-7-5115-7154-0

Ⅰ．①衡… Ⅱ．①王… ②王… Ⅲ．①高中生－职业选择 Ⅳ．①G635.5

中国版本图书馆 CIP 数据核字（2021）第 216742 号

书　　名：衡中生涯发展指导手册
　　　　　HENGZHONG SHENGYA FAZHAN ZHIDAO SHOUCE
作　　者：王建勇 王丽娜

出 版 人：刘华新
责任编辑：郭晓飞
封面设计：金　刚

出版发行：人民日报出版社
社　　址：北京金台西路2号
邮政编码：100733
发行热线：（010）65369527　65369846　65369509　65369510
邮购热线：（010）65369530　65363527
编辑热线：（010）65363486
网　　址：www.peopledailypress.com
经　　销：新华书店
印　　刷：大厂回族自治县彩虹印刷有限公司

开　　本：710mm×1000mm　1/16
字　　数：200千字
印　　张：12
版　　次：2022年4月第1版
印　　次：2022年4月第1次印刷

书　　号：ISBN 978-7-5115-7154-0
定　　价：45.00元